報道の自由が危ない

衰退するジャーナリズム

飯室勝彦

花伝社

報道の自由が危ない——衰退するジャーナリズム◆目次

はじめに――とうとうきた〝出版差し止め〟……… 5

Ⅰ　萎縮する報道の自由

1　包囲されたメディア――〝攻め〟のジャーナリズム倫理とは……… 12
2　時流に合わせて振るタクト……… 41
3　イラク派兵で進む情報統制の裏側……… 55
4　監視社会の怖さ、虫の目、鳥の目で……… 71
5　マスメディアと図書館の使命……… 85

Ⅱ　報道の自由と名誉・プライバシー

1　報道の自由と名誉・プライバシーとの調整……… 102
2　裁判官は表現取締官になったのか……… 122

3　「配信の抗弁」否認で問われる事件報道……156
4　所沢ダイオキシン汚染報道をめぐって……170
5　毒入りカレー事件と司法のメディア観……189

Ⅲ　少年事件と報道の自由

1　少年事件と報道——少年法の理念と報道の使命……208
2　通り魔判決に見るジャーナリズム論と法律論……226
3　身元推知と仮名報道の限界……240

あとがき……253

はじめに――とうとうきた〝出版差し止め〟

二〇〇四年三月一六日。この日は心ある表現者にとって忘れられない日になった。言論機能と娯楽機能を備えたメディアとして広く読まれている『週刊文春』(二〇〇四年三月二五日号)の出版を、「プライバシー侵害」を理由に差し止める東京地裁の仮処分決定が出た日である。記事は有名政治家の後継者になり得ると見られている長女が結婚からわずか一年で離婚したという、週刊誌としてはありふれた内容だったから、裁判所の決定には出版関係者ならずとも驚いた。翌朝の新聞朝刊のほとんどが一面トップで報じたのは当然だろう。

差し止めの命令は夜遅く出された。長女の申し立てから数時間、〝電光石火〟の決定だった。たった一人の裁判官の判断で、雑誌はすでに刷り上がっているのに「当該記事を削除しなければ出版してはならない」と命じたのだ。この段階では決定の理由は示されなかった。しかも、文藝春秋社から提出された記事を裁判官が読んだうえでの差し止めだから、実質的には検閲による出版禁止である。

憲法二一条第一項には「集会、結社及び言論、出版その他一切の表現の自由は、これを保障する。」とある。第二項は「検閲は、これをしてはならない。」と絶対的に禁止している。担当した裁判官は自分の出す命令が憲法上、極めて重大な問題をはらんでいることに気づかなかったのだろうか、申し立ての審理を三人の裁判官で審理する合議体に回すことすらしなかった。

「ついにここまできたか」——ニュースを聞いた時、真っ先に感じたことだ。

公表済みの表現について裁判官が違法か違法でないかを判断するのは、書かれた側が起こす損害賠償請求訴訟などで行われている。この場合は、表現はすでに世に出ているから裁判官の判断が正当か否かは広く国民が議論しチェックできる。これに対して事前差し止めでは、問題の表現が世に出ないのだから国民は表現の内容を知ることができず、裁判所の判断が正しいか正しくないか検証しようがない。

文春に対する命令の直前に裁判官グループが出版物の差し止めについて研究会を開いており、担当裁判官はそのメンバーだったと一部で報じられた。もし事実とすれば、差し止めは一裁判官の考えではなく、司法部の政策ないしは方針として行われたと見るべきだろう。

最高裁の判例では「憲法が禁ずる検閲とは、行政権が主体となって表現物を網羅的に調べ、思想内容等によって発表を許したり禁じたりすること」とされており、風俗ないしは社会の健全性を守るためなど一定の目的で事前規制することは許されるとしている。しかし、最高裁は「検閲の禁止は絶対的禁止であり、公共の福祉を理由にしても許されない」（一九八四年一二月一二日・最高裁大法廷判決＝最高裁民事判例集三八巻一二号）とも言っている。だからこそ、司法判断による表現の事前規制である出版、販売、配布などの差し止めは例外中の例外でなければならないと厳しい条件が課されてきたが、この決定ではハードルが低く設定され、いとも簡単に越えられてしまった。

幸い文春側の上訴により仮処分決定は高裁で取り消された。また、決定が出た時、刷り上がった雑誌はほとんど取次店や書店などの販売店に渡っていたので、出版社を相手とした命令の効力が及ばず、かなりの部数が販売された。そのため多くの読者が差し止め命令の不当性を理解できた。

ただ、今後はこの経験を生かして取次店や販売店まで相手方にした仮処分命令が請求されるようになるだろう。政治家などの権力者が自分に不都合な報道を押さえ込もうと差し止め請求を乱発することにもなりかねない。

そうなれば表現を世に出すか出さないかのカギを裁判官が握ることとなる。名誉毀損やプライバシー侵害などを理由とした訴訟では、すでに裁判官が表現取締官と化した観（本文Ⅱ・2「裁判官は表現取締官になったのか」参照）もあるが、今後は実質的な検閲官になりかねない。密室における裁判官の審査で表に出すことができなくなった表現については、裁判官の判断の正当性を国民がチェックする機会さえなく闇に葬られることになる。

「報道の自由の危機」は極まれり、という感じだ。

ここで言う危機には二つの側面がある。

一つはよく言われている「メディア包囲網」の完成、強化である。

もう一つは、メディア側の危機意識の希薄さである。とりわけ新聞が包囲網の完成を対岸の火災視し、足並みをそろえて反撃できないことが、メディアの牙を抜こうとしている勢力につけいる隙と勢いを与えている。

メディア包囲網については拙編著『包囲されたメディア』(現代書館)で詳しく論じた。市民のメディア批判を背景に個人情報保護法、人権擁護法案などさまざまなメディア規制法(案)が企画されたり成立したりしている。司法も慰謝料の高騰、メディア勝訴率の低下という形で包囲網に参画してきた。「防衛秘密」なる概念を新たに設け秘密探知罪をメディアにも適用するという自衛隊法改正(二〇〇一年)もあった。秘密探知、漏洩罪の適用範囲の拡大、罰則の強化という内容はかつて中曽根内閣時代に国民的大運動で廃案に追い込んだ国家機密法案の再現だったが、国会ではさしたる論議も起きなかった。

それに加えてついに出版の事前差し止めである。高裁で取り消されたとはいえ「アリの一穴」から土手が崩れるのたとえ通り、表現・報道の自由がなし崩しにされる恐れがあるのにジャーナリズムは一致団結して戦おうとしない。差し止めを全面的に支持した新聞もあったし、裁判所を批判する一方で『週刊文春』の記事に蔑むような厳しい論評を加えた新聞もあった。とりわけ朝日新聞の社説「警鐘はわかるけれど」(二〇〇四年三月一八日)は高みから週刊誌を見下したような論調で注目を浴びた。多くの新聞の差し止め批判も単なる建前論のように薄っぺらで、「わが事」と受け止める危機感が感じられなかった。

社会における多様な表現の存在が重要なことを軽視し、週刊誌ジャーナリズムを蔑視している新聞人のおごりがそこには見える。「俺たちは違う」「新聞は大丈夫」とタカをくっている。個人情報保護法案に反対する運動でも新聞は「週刊誌などがひどいから」という公権力側のアナウンスに惑わされて立ち上がりが遅れた。出版関係者と、フリーライター、作家など組織に所属しない表現者の頑張りに引きずられる形で戦線を立て直したが、最後は腰砕けになった。

メディアが攻撃されると、英米ではふだん激しく競争しているライバル同士でも団結して立ち向かうのが当然のこととされているのに、日本ではこれ幸いとばかりに競争相手の足を引っ張る。北朝鮮に拉致された人たちの救出問題の報道でも自由な報道を嫌う対北朝鮮強硬派の圧力を報道側が一致して跳ね返そうとする場面はない（本文Ⅰ・2「時流に合わせて振るタクト」参照）。

産業廃棄物焼却の煙による埼玉県所沢市の野菜汚染に関する報道トラブルでも、本文のⅡ・4「所沢ダイオキシン汚染報道をめぐって」で扱うように、資本関係のあるテレビ局と新聞社のグループ間対立がそのまま報道に反映され、行政の放送への不当介入に対してメディアがそろって抗議の報道をすることはなかった。

メディアはぐいぐい押されている。この状況はメディアにとって不幸なだけではない。メディアの力が弱まり、ジャーナリズムが衰退することは知る権利を損なわれることにつながり、国民にとっても大きな不幸である。

最も有効な反撃は、読者、視聴者の心からの共感を得られる報道であろう。政治や行政をもっと厳しく監視して国会議員などの政治家、高級官僚など公権力者の不正、腐敗を暴いて国民の目にどしどしさらさなければならない。事件報道でも、批判を過度に恐れる事なかれ主義ではなく、深層に肉薄する積極性が求められる。目指すべきは「攻めのジャーナリズム」である。「国民のためのジャーナリズム」という基本姿勢を貫けば、ときに逸脱があっても温かい目で迎えられるはずである。

現実のジャーナリズムはその方向へ向かってはいない。新聞、テレビなどの主流メディアの世界では、倫理、自粛の名の下に〝べからず集〟が厚くなる一方だ。よく言って「人権尊重で行儀よく」なり、悪く言えば「事なかれ主義」で迫力低下に陥っている。

スキャンダル報道を中心におきながらも新聞に負けない第一級のスクープもしばしば放ち、相対的には頑張っている週刊誌ジャーナリズムも、慰謝料高騰がボディブローのように効いてきている。日刊のメディアと違いストレートニュースで勝負しにくい週刊誌は、独特の味付けで読者を引きつけようとするが、それは書かれる側の名誉やプライバシーとしばしば対立する。これまでなら見のがされた表現も社会の眼や司法の姿勢が厳しくなり許されなくなっている。『週刊文春』の差し止めはその兆しがはっきりと表に出たのだ。

「週刊誌が悪いから仕方ない」「狙われているのは週刊誌」などと他のメディアが油断していると表現・報道の自由は息の根を止められるだろう。

民主社会を維持・発展させるために不可欠な情報・表現だけでなく、その周囲にある微妙な、多少問題のある表現も守られる社会でなければ、核心部分の表現の自由も守れない。消毒された情報しか流れない社会より、毒を含んだ表現も流通する社会の方が健全である。

外堀を埋められれば次は内堀である。多くのジャーナリスト、表現者、そして読者、視聴者が危機感、切迫感を共有してほしいと思う。表現・報道の自由は、その受け手にとっても大事なものなのだから――。

I　萎縮する報道の自由

1　包囲されたメディア——〝攻め〟のジャーナリズム倫理とは

(1)　はじめに

「倫理」はどんな職業にも求められる。とりわけ専門職は社会に与える影響が大きいため規範性を持った厳しい倫理基準が必要になる。規範が求める姿と実際の姿の間にはしばしば乖離《かいり》があるのが実情である。新聞倫理綱領、放送倫理基本綱領、雑誌編集倫理綱領などマスコミにかかわるさまざまな倫理綱領があるのも、目標をいちいち明文で示さなければならないほど現状に混乱があることを物語るのだろう。

ただ、いくら現実と食い違いがあるにしろ、倫理綱領が当該専門職たちの進むべき道を指し示すものであることは間違いない。したがって、その道が誤って示されていれば、集団に対する市民の期待は裏切られる。

ここでは二〇〇〇年六月に制定された、日本新聞協会の新しい新聞倫理綱領を素材にして日本のメディア状況とジャーナリズム倫理について考えたい。

「綱領」という言葉で真っ先に頭に浮かぶのは政党の綱領であろう。「綱領」を辞典で調べると、「物事の基本的なこと」「政党・労働組合などがその基本的な立場・理念・活動方針・政策などを要約した文書」（三省堂・大辞林）とある。簡単にいい換えれば、「綱領」とは特定の集団、組織、グループが自分たちの行動の基礎とすべき理念や目指すべき方向を示した文書ということだろう。いわば決意表明の文書である。それだけに、そのグループに属し、かつ帰属意識を抱いている者は共鳴し尊重し、文書に書かれた内容を自らの行動規範とする。私的場面ではともかく、少なくとも表向きは綱領に沿った立場を維持し行動するのが普通である。

しかし、新聞協会や加盟する新聞社が鳴り物入りで宣伝した新しい新聞倫理綱領（三七頁に掲載）を読んでこのような決意を固めた新聞人がどれほどいるだろうか。多くはさらりと読み流すだけに終わったのではないか。

新しくつくられた新聞倫理綱領には、読んでいても胸に迫ってくるものがない。抵抗感も抱かせないが、新聞記者を奮い立たせるものもない。ジャーナリストとして歩み始めた若い記者たちにあらためて決意を固めさせるほどのインパクトも刺激も感じさせない。一見しごくもっともだが、消毒綿のように無味無臭である。

新倫理綱領がこのようなものになったのはなぜか？　この疑問が本稿の出発点である。

そしてとりあえずの答えは、新綱領の抽象性、中立性は今日のジャーナリズム状況に置ける新聞の位置、果たしている役割の自然な反映であり、取材・報道現場と直接関係なくなり、闘わなくなったジャーナリストたちの意識の表れではないのか、ということである。

もちろん、これは仮説に過ぎない。これから仮説が成立するかどうか検証しながら、目指すべき新聞倫理、ジャーナリズム倫理の方向を探りたい。

(2)　倫理とは何か

現代社会では多様化したメディアが多種多様な情報を大量に発信している。市民の側はそれをこれまた多様な形で受信しているが、評価の仕方や判断基準もまちまちなまま、それぞれが受け入れた情報を各人各様に再発信している。「総ジャーナリズム状況」という言葉が使われるほどである。その「総ジャーナリズム状況」がメディアと情報発信スタイルの多様化にさらに拍車をかけている。

そして、いまや「メディア批判」がジャーナリズムあるいは職業の一部門として確立するほど、マスメディアの社会における位置は、善きにつけ悪しきにつけ大きくなっている。倫理について考えるとき、まずこの事実を押さえておく必要がある。

倫理は人間の行動の道徳であり、行動規範である。特定の職業の職業倫理は、その職業に就いている人に期待されている行動の基準である。古代ローマの哲学者であり政治学者であるキケロは「良き職を目指す者すべてにとって道徳哲学は必須である」と言ったが、知識や技術だけでなくその職業についての倫理に沿った行動をしなければ優れた職業人たりえないことを語ったものであろう。

しかし、普通、倫理に従って生きているかどうかは、その人が立派な職業人であるかどうかにかかわる事柄であるにしても、他人にとってはそのこと自体は直接には利害関係がない。当該人物が良き職業人であろうとなかろうと、ある職業についての顧客は価格にふさわしく、期待にかなう結果をもたらす商品、サービスを得られればいいのである。価格相当の見返りを得られなければ、得られる人物に取引相手を変えればいいだけの話である。愛想の良さ、アクセスの容易さなど価格面、商品自体に対する期待以外の付随的期待をする場合にも同じことがいえる。倫理観はあくまでも個人の問題であって他人が強制するわけにはいかない。

ただ、これは一般論、抽象論であり、現実には多くの場合、その人物の道徳観、倫理観は、作り出す商品、サービスの質を左右する。しかも、その質がもたらす影響が特定の顧客だけにとどまらない職業がある。マイケル・クロネンウエッターは、それを次のように説明している。

「その活動が特定の商品やサービスにおいて支払われる値段をはるかに超えて、全体的な社会に対して影響を与えるといったいくつかの職業がある。彼らの活動がほとんどすべての人の生活の質の形成にとって重要であるため、その倫理基準が全体としての社会の利害に関係してくる。ジャーナリズムはそうした重要な職業の一つなのである」(注1)

専門職は高度な学識と厳しい訓練、経験によって専門職たる地位を獲得するが、厳格な内部規律の保持も専門職たる要件である。近代に入って弁護士、医師、看護師などさまざまな職種で内部規律が倫理綱領などの形で明確化されるようになったが、その内部規律が市民社会の常識と必ずしも一致しないものがあることは専門職の一つの特色と言えよう。

たとえば、二〇〇〇年春、イタリアのカトリック神父がマフィアの犯罪を阻止するため、信徒の告解の内容を公表して資格を剥奪《はくだつ》された。告解の公表禁止という戒律の適用は一見不条理だが、例外を認めると告解は宗教上の意義を失う。同じようにジャーナリストの倫理にも「秘匿すべき取材源の秘匿」「報道目的で入手した情報の報道目的外使用の禁止」などそれに似た例はある。そして、ジャーナリズムがいかに多様化しようとも、多彩になろうとも変えることが許されない一線はある。

半面、「いかなる職業においても倫理的行為の基準は、その職業の目的、社会に対する義務と責任という観点から決められなければならない」(注2)とされる。ジャーナリストは、躍動する社会の事象、生きている人々を相手にする職業である。職業の目的、社会に対する義務、責任は相対的であり、内容も個々の事項の比重も時代や社会の状況に規制されるのは当然である。

したがって、ジャーナリストの倫理、新聞記者の行動規範は万古不易ではあり得ない。だからこそ、日本新聞協会は一九四六年の制定以来、半世紀以上たった新聞倫理綱領を改定したのであろう。ならば、新しい倫理綱領の評価は、新聞、ジャーナリズムの現状とそれらを取り巻く社会環境を抜きにしては語れない。

そのとき留意しなければならないのは、市民は新聞と他のメディアを必ずしも分けて考えないという点である。テレビや週刊誌に対する市民の反応は「マスコミ観」として新聞にも降りかかってくる。新聞人はそうした角度からも自らの行動を律する必要がある。

(3) 包囲されたメディア

一九九〇年代に入ってメディアに対する厳しい批判がより一層増してきた。しかも、それはメディア悪玉論を展開することをジャーナリズム研究と勘違いしている一部の論者に限られず、社会の幅広い層から出ている。一種の流行のようでもあり、誤解に基づく付和雷同的な言説がないではないが、基本的には市民のメディア不信が下地にあり、公権力者がそれに便乗して動き、市民も公権力の介入を排除するどころか歓迎する、という構図になっている。

最初は「やらせ」だった。実際には起こらなかったことを起こったように装って放送したことが、テレビ番組に対する不信感を植え付けた。続いて一九九三年秋、日本民間放送連盟の番組調査会におけるテレビ朝日の椿貞良報道局長の発言で報道番組にも不信の目を向けられることになった。

折あたかも総選挙で負けた自民党が野に下らざるを得なくなった時期。「非自民政権が生まれるよう報道せよ、と指示した」という発言に自民党などが飛びつき、報道関係者が国会に証人として喚問され報道内容について追及される事態になった。なかでも自民党はテレビ朝日のニュース番組「ニュースステーション」における久米宏キャスターの辛口コメントを「反自民党的」と苦々しく思っていただけに、国会を意趣晴らしの場として利用した。

郵政省（当時）は自民党に協力して議事録と録音テープの提出を民放連に求め、電波管理審議会はテレビ朝日の放送免許更新を条件付きとした。当時の郵政省幹部は「保護観察付き免許更新」と語っており、同省の意を受けての措置と見られている。

三年後、今度は東京放送（ＴＢＳ）が国会に呼び出される。オウム真理教幹部に殺された弁護士のインタビューテープを放送前に教団幹部に見せていたことが発覚したからである。きっかけは日本テレビの「逮捕された教団幹部が『ＴＢＳで弁護士のインタビューテープを見た』と供述している」というスクープだった。ＴＢＳの内部調査がずさんで結論が二転三転したこともあり、与野党の両側から社長らが国会で吊るし上げ同然の追及を受けた。

未放送テープを被取材者の対立当事者に見せるという基本的誤りに加え、見せたことを被取材者である弁護士に知らせず、弁護士が危険を察知する機会を奪い、しかも教団の抗議でインタビューの放送を見送るなど、テレビジャーナリズムの信頼を根底から失わせた事件だった。

しかし、ジャーナリズムのあり方や個別の報道内容について、国会議員という最高の公権力者が国会であれこれ公式に論じることは明らかに行き過ぎである。特にテレビは放送免許というアキレス腱があって権力に対する抵抗力は弱いのだが、新聞の側は国会の介入問題でテレビの側に立って応援することはなく、テレビ報道に対する批判ばかりが目立った。

このあたりから公権力側は報道に対する介入にためらいを見せなくなる（注３）。

一九九七年、神戸で起きた連続児童殺傷事件の報道では法務省人権擁護局長、最高裁家庭局長が雑誌報道に「人権侵害」と警告したり、発売中止を求めるなどした。出版社側は要求の法的根拠を質したがきちんとした答えは得られず、雑誌報道に対する否定的評価が市民の間に広がるという結果だけが残った(注4)。

一九九九年にはテレビ朝日の幹部が再び国会に呼び出される。「ニュースステーション」で産業廃棄物処理のずさんさを告発するため、産廃処理施設の集中する埼玉県所沢市産の野菜はダイオキシン汚染濃度が高い、と放送したことが発端だった。所沢産野菜が売れなくなったため地元農家が「誤報だ」と抗議し、訂正放送や賠償を要求して大騒動になった。

データの扱い、コメントが適切ではなかったこともあって、自民党を中心に国会議員が農家をバックアップし、テレビ朝日の社長らを国会で追及する事態に発展した。テレビ朝日は番組中で「不適切な部分があった」と釈明する一方、訂正要求に対しては「誤報ではない」として拒否した。

この事件の異常さは放送には何の権限もない農林水産大臣までが介入したことである。中川昭一農水相（当時）がテレビ朝日に対し訂正放送と賠償の要求に応じるよう繰り返し要求して圧力をかけたのである。要求は少なくとも五回に及び、しかも中川氏個人の行動ではなく、大臣、あるいは省としての公的立場で行われた。個別報道の是非を判断し、訂正を迫ることは、行政権力が絶対越えてはならない一線のはずである。

しかし、中川農水相の言動にはいささかのためらいもなく、民主主義の基盤である報道の自由を頭から無視していた。

自民党のメディア攻撃はとどまるところを知らない。所沢ダイオキシン報道に続いて高知日赤病院における日本初の脳死による臓器移植手術の報道が混乱すると、一九九九年三月、「報道と人権等に関する検討会」を発足させ、メディア関係者を招いてヒアリングを行った。新聞社からは産経新聞を除いて出席しなかったが、出席した出版関係者は議員から雑誌で取り上げられた私怨をぶっつけるかのような集中砲火を浴びた。

一九九九年八月に発表された報告書は、報道機関による自主規制の徹底を要求し、国民参加の報道チェックシステムの確立、ＮＰＯ（非営利機関）の監視機関の設置を求めた。「国民の参加による監視と業界の自主規制に期待する」という一見柔軟な結論だが、「効果が上がらなければ法規制」と言っており、衣の下に鎧を隠した執行猶予付きの結論だった。

報告書は司法にも注文を付けた。出版差し止めをもっと簡単に命じること、メディアを経済面から締め上げるため、裁判で認定する名誉毀損の慰謝料を大幅に引き上げること、を要求したのである。後者は最高裁の誘導で間もなく現実となった(注5)。

もともとこの検討会にはメディアを牽制する狙いもあった。党幹部や政府の中枢から検討会幹部に「雑誌のヒアリングの際はとくに手厳しくやれ」などの指示があらかじめなされており、会合では報道で批判された経験のある議員が法規制の必要性を声高に叫んだ。とりあえず自主規制との結論になったが、検討会は解散せず、自民党としては法規制のチャンスを狙い続けた(注6)。

その前年夏の参院選惨敗では、敗因を報道の偏向に求め、全国に二〇〇〇人の報道モニターを委嘱してテレビや新聞を監視するシステムを作り上げたが、一九九九年春の都知事選でも惨敗すると選挙報道の法規制に向かって本格的に動き出した。「選挙報道に係る公職選挙法の在り方に関する検討会」を設置、世論調査の報道を禁止、または制限する方向で検討を進めている。

二〇〇〇年になると参院自民党が「青少年有害環境対策基本法案」を公表した。総務庁長官、都道府県知事が青少年に有害と判断した「商品」「役務」について必要な処置ができるという内容で、雑誌、放送、テレビゲームなど表現物や表現行為をまるごと対象にし、行政機関の判断しだいで社会から排除できる危険な法案である(注7)。その後、法案の名称は「青少年社会環境対策基本法案」と改められ、省庁再編に伴って国の行政担当責任者は「総務庁長官」から「内閣総理大臣」に変わった。

取り締まり対象があまりにも抽象的、包括的であることに加えて立法の必要性があいまいであるとの批判を乗り越えられず、最終的には自民党内でも国会提出が認められなかったが、「青少年健全育成法案」などと名を変えいまだに問題はくすぶっている。

政府による制度つくりでもメディアは窮地に立たされた。一九九九年に始まった個人情報保護法制の構築作業では、メディアを法制の対象とし、「本人からの情報取得」「本人の開示、訂正請求権」など自由なジャーナリズムの封殺につながる方向で議論が進み、実際の法案もそのようなものになった。

政府から独立した人権機関の在り方を検討していた法務省の人権擁護推進審議会もメディアも新機関の対象とすることを視野に入れて審議を続け、答申を受けた法務省は一定の取材行動や報道を人権侵害として規制する法案を国会に提出した。「政府から独立した」という国連が要求した要件は無視され、新機関は事実上、法務省所管とされた(注8)。

さらに憂慮されるのは弁護士グループが見せた動きだ。二〇〇〇年一〇月、日本弁護士連合会の人権擁護大会で提唱された新しい人権機関の設置要綱試案では、メディアに対する人権侵害の訴えも他の組織や人物などに対する訴えと同様に強制権を伴う調査の対象としていた。おまけに人権侵害と認定した行為が継続している場合には中止を求める「仮救済」の制度も導入、事実上の検閲を許し、表現の事前差し止めにつながる道さえ開こうとした(注9)。検閲は憲法が禁止している。そんなことは承知しているはずの弁護士が、一部勢力とはいえメディアを公然と敵視した事実は軽視できない。

一連のメディアバッシングはテレビのワイドショー、写真週刊誌、週刊誌などのプライバシー侵害、名誉毀損報道に対する市民の反感、嫌悪感が素地になっている。個人情報保護法制つくりでは、メディアを規制対象とすることに消費者団体代表が積極的だったことがそれを物語っている。

新聞、週刊誌などによる自分にとって都合の悪い報道を封じようとする政治家と情報をコントロールしたい官僚がそのような雰囲気を利用し、「人権」という抽象的な言葉に最高の価値を与える単純思考の弁護士たちが後押ししている。いわばメディアは市民と公権力、そして法律家に包囲されているのである。

(4)　対立するメディア

報道の自由は民主社会の基盤である。国民の知る権利に応えるためのものであり、それ自体一つの人権である。他の人権と衝突する場合には調和を図って調整するのは当然だが、何ものにも優先する「人権」という言葉があるわけではない。
しかし、多くの場合、メディアは「人権」と言われると水戸黄門の印籠の前にひざまずく悪代官のように沈黙してきた(注10)。報道の自由を制限しようとする公権力の動きにも有効な反撃をできないでいる。

個人情報保護法制づくりでは、新聞、通信、放送各社とＮＨＫの三一四社が「報道機関が報道目的で扱う個人情報は法の適用除外」にするよう共同声明を出し、新人権機関づくりでは法務官僚の「行政命令による報道差し止め」構想に抗議して撤回させた(注11)。

だが、メディアの側が自民党の動きに対する抗議行動を起こしたことはないし、初期段階では個人情報保護法制、新人権機関構想の危険性について一丸となってキャンペーンで訴えることもしなかった。一部の新聞が比較的積極的に報じただけである。

二〇〇〇年七月、人権擁護推進審議会が明らかにした論点整理には、メディアも新機関の対象とし、調査に非協力の場合は処罰するという方向性がすでに選択肢として明記してあったのに、そのことに警告を発した報道はなく、メディアが対象になることさえ報じられなかった。現場の記者の間に危機感が浸透していなかった証拠だ(注12)。

危機意識のなさは報道改善の遅々とした歩みにも表れている。テレビは一九九六年にＮＨＫと民放が統一の放送倫理基本綱領を制定し、倫理ガイドラインやマニュアルを制定する局が相次いだ。一九九七年には「放送と人権等に関する委員会」（ＢＲＣ）が発足した。二〇〇〇年にスタートした、テレビ番組が子どもに与える影響を考える、ＮＨＫ、民放の共同による第三者機関「放送と青少年に関する委員会」も一定の成果をあげている。

そうはいっても、ワイドショーの実態は倫理綱領の存在など無視しているかのようである。活字メディアの側は日弁連が一九九九年の人権擁護大会で行った「公権力の介入を招かないために、報道評議会を結成して市民との対話で報道改善を図ろう」との呼びかけを真摯に検討しようともしない。

一連のメディア攻撃と、それに対するメディアの対応には日本的な特徴がある。報道の自由を脅かす公権力の動きに対してメディアがまとまって対抗せず、新聞が雑誌を差別、軽蔑したり、テレビ局と新聞社の系列関係がそのまま新聞によるテレビ批判に反映されていることだ。

椿発言をスクープし批判したのはテレビ朝日と日常的に視聴率争いを演じているフジテレビと密接な関係にある産経新聞だった。発言の場は民間放送連盟の内輪の会合だったが、当時、発言内容を記録した文書を自民党国会議員が入手しており、スクープにテレビ業界内部の人間が関係した政治的動きの気配を感じた人もいる。

いきりたつ自民党の主導で椿氏の証人喚問が決まっても、それを批判する雰囲気はメディアにはなく、以来、何かあるたびにテレビ局幹部が国会に呼び出されるというパターンが定着した。

ＴＢＳのテープ問題でも、テレビ朝日の所沢ダイオキシン報道でも、もっとも厳しく批判したのはライバル局と同資本系列にある新聞だった。報道に対する政治、行政の介入に報道機関が足並みをそろえて対抗する、米国では当たり前のことが日本ではまったく行われないのである(注13)。

新聞ジャーナリズムと雑誌ジャーナリズムの対立も甚だしい。事件報道に対する批判の高まりの中で新聞が「人権」に配慮するようになって、雑誌、特に週刊誌との溝が広がる一方である。新聞が「人権」を重視するあまり、ともすれば過度に慎重になる一方で、雑誌の報道は逆にエスカレートしている。

そうした中で少年法で禁止されている犯罪少年の氏名、顔写真を報道するケースが出てきた。雑誌の側は新聞を「腰が引けて真実を伝えない」と非難し、新聞の側はそんな雑誌を蔑視し無視している(注14)。

一九九八年一〇月、徳島市で開かれたマスコミ倫理全国大会ではこの対立が公式の舞台で表面化した。和歌山市で起きた毒入りカレー事件の報道をめぐり、新聞、通信社の関係者が週刊誌などの報道を「人権侵害」と批判すれば、雑誌側は「週刊誌は人物を描くことで真実を伝えている」「新聞は匿名だらけ。事実もぼかしてあり読者は事件の真実を理解できない」などと反論して激論になった(注15)。

大阪府堺市で連続殺傷事件を起こした一九歳（事件当時）の犯人が、実名報道した新潮社に損害賠償を請求した訴訟をめぐっては、新聞側の嫌悪感は感情論のレベルにまで達した。二〇〇〇年二月、大阪高裁が請求を棄却すると、在京各紙の社説は一社を除いて判決を批判したが、少年犯罪に厳しい態度で臨み、身元推知報道を禁止した少年法六一条の違反を繰り返す新潮社に対する反感のあまり、冷静さを欠き、法律論を離れた感情的な論調が目立った(注16)。

自民党や行政庁は、このようなメディアの足並みの乱れにつけ込んで、報道に対する公的規制の動きを強めているのである。ところが、メディアの中核と自負している新聞の関係者は我がこととらえず、週刊誌やテレビの問題であると楽観していた。新聞が週刊誌やワイドショーを蔑み批判しても、多くの読者、視聴者にとってはいずれも「マスコミ」であり、一括りにして評価される。公的規制の仕組みをつくるときは、あらゆるメディアを対象にしたものになるのは当然の理であることに対する危惧、警戒感のなさは驚くばかりである。

(5) 闘わない新倫理綱領

これまでに検証してきた、公権力からの攻撃にさらされているメディアの孤立状態、メディア同士の対立について新しい新聞倫理綱領はどのように対処しようとしているのだろうか。

結論を先に言えば、孤立から抜け出そうとする守りの姿勢ばかりが目立ち、表現・報道の自由を脅かす相手と闘う毅然たる姿勢が見えない。他のメディアと連帯して表現・報道の自由を守り抜こうとする方向性も感じ取れない。国民の知る権利、表現の自由を守るのは報道機関としてもっとも大事な倫理のはずなのに、そのことに対する明確な論及はない。

ここでは疑問に思われる点をいくつか検討したい。

新綱領は、「国民の『知る権利』は民主主義社会を支える普遍の原理である」で始まる。いきなりとってつけたように知る権利を持ち出す唐突さはともかく、その後に続く文章で冒頭に知る権利を持ってきた効果は減殺される。「この権利は、言論・表現の自由のもと、高い倫理意識を備え、あらゆる権力から独立したメディアが存在して初めて保障される」となっており、知る権利は「守勢の倫理」を強調するための前置きに過ぎない印象である。

知る権利の第一の前提はメディアの権力からの独立である。その独立と倫理意識を並列にし、しかも倫理を前に置くことによって独立の重要性を訴える力が弱まった観もある。

同じことは表現の自由に関する「自由と責任」の項でも言える。「表現の自由は人間の基本的権利であり新聞は報道・論評の完全な自由を有する」とあって、「それだけに行使にあたっては重い責任を自覚し、公共の利益を害することのないよう、十分に配慮しなければならない」となる。

そこでは知る権利を守り抜く決意も、表現の自由を脅かすものと対決する気概も語られていない。表現の自由を守り抜き、十分な情報を伝えて国民の知る権利に応えることこそが、「公共の利益」のはずである。真っ先にうたうべきはそのことである。確かに前文には一言「言論・表現の自由を守り抜く」との文言があるが、それは「自らを厳しく律し、品格を重んじなければならない」の枕詞のように並べられている。実際に語られているのは逸脱を戒める守りの思想が中心である。

知る権利や表現の自由はだれのため、何のために発揮されるべきなのか。「訴えんと欲しても、その手段を持たない者に代わって訴える気概をもつことが肝要である。新聞の公器たる本質は、この点にもっとも高く発揮される」という旧綱領の文章は、知る権利、表現の自由の極めて重要な側面を言い表していたのではないか。

そもそも「知る権利」とカギ括弧付きで表記することはやめるべきだった。博多駅テレビフィルム事件の決定で、最高裁大法廷が知る権利という言葉を使いながらわざわざカギ括弧を付けたのは、この権利に請求権としての実体的性格を認めず象徴的言語たる意味しか認めなかったからである。情報公開法つくりの過程で、広範な国民が情報公開請求権の根拠として知る権利を明記するよう求めたにもかかわらず政府が拒んだのも、知る権利を憲法上の権利と認知したくないからだった。法案作成者は「知る権利はカギ括弧付きの権利に過ぎない」と公言した。そのため情報公開請求権は憲法上の権利にまで高められず、実定法によって初めて与えられる権利にとどまることとなった。

このような経緯に照らせば、国民の知る権利に奉仕する新聞としては、倫理綱領のような目標宣言的文書では、意味内容、効果を限定しないようにカギ括弧なしで使うべきであろう。

客観報道論も伝統的立場にとらわれすぎて、観念的記述で終わっている。「報道は正確かつ公正でなければならず、記者個人の立場や信条に左右されてはならない」のは当然だ。しかし、前文にあるように「おびただしい情報が飛びかう社会では、何が真実か、どれを選ぶべきか、的確で迅速な判断が強く求められている」。ならば、的確で迅速な判断をするためにジャーナリストは日常的に何を心がけるべきなのか、そこまで踏み込んでこそ専門職としての倫理が確立する。

それはできるだけ沢山の情報を集め、マスコミに期待される役割、ジャーナリストの使命というフィルターを通して判断することである。その努力を重ねることで主観を越えて客観に近づけるのである。いわば「ジャーナリズムの思想」を骨の髄まで染みこませ、それに基づいて行動することである。

「あらゆる勢力からの干渉を排除する」独立性維持に気を遣うあまり、社会的弱者、少数者への共感を排除することになる危険性も無視できない。新聞がまず確保しなければならないのは公権力からの独立であることに異論はないが、下積みの人たちを積極的に支援することは新聞の大切な使命である。

単純に「個人の名誉を重んじプライバシーに配慮する」としているのも疑問だ。報道の現場では相手の名誉が傷ついても伝えなければならない場面があるし、プライバシーには守らなければならないものと守られてはいけないものがある。それを吟味しないで無限定に尊重するのはジャーナリストの使命放棄である。これでは都合の悪い情報を隠そうとする政治家などにシェルターとして新倫理綱領が悪用されかねない。

このように新しい新聞倫理綱領には防衛的姿勢が目立ち過ぎる。文章は洗練されたが、旧綱領の一部に見られた、稚拙、生硬な表現ながら新時代の新聞人の意気込みのような部分はそぎ落とされている。「包囲されたメディア」という言葉に象徴される、現在のジャーナリズム状況の反映であり、起草者が主として経営に携わる人々であることを考えると、いまや大企業となって失うものの多くなった新聞社を防衛しなければならない幹部社員の意識の表れと言えよう。

(6)　必要な〃監視犬〃の倫理

日本の新聞界は特異な状況にある。

ジャーナリストの代表を自認する新聞記者は不偏不党を旨としてきた。しかし、政治部記者時代から政権側の保守政治家と癒着し、黒幕のように振る舞ってきたことを誇り、現場を離れてからも政治の動きにコミットし続け、そのような経歴や行動をジャーナリズム倫理に反すると考えない渡辺恒雄氏が率いる読売新聞が発行部数一〇〇〇万部を超えてトップの位置にある。その渡辺氏は日本新聞協会会長にも就任し新聞業界の顔にもなった。新聞倫理綱領の改定はその渡辺氏による会長としての発意だった。そのために設けられた「倫理問題特別委員会」の委員長は協会副会長（当時）で、渡辺氏と同じ路線を歩む産経新聞の清原武彦社長だった。

二人の経営方針は、政府与党との対決をジャーナリズムの真髄と考えているかのような日本のメディアの中心的流れとはかなり距離を置いている。その一方で、再販売価格維持制度を守るという思惑もあって新倫理綱領に盛り込まれたような品位保持を従来から強調してきた。一九九九年の日弁連人権大会で「セクハラ」ではないかと問題になった、週刊誌などのどぎつい性表現広告を最初に閉め出したのは両紙である。このため、倫理綱領改定の狙いが自社の方針を新聞界全体に広げることにある、と観測されたのは自然である。

実際に新綱領を作成した「新聞倫理綱領検討小委員会」の中馬清福委員長（朝日新聞社専務、編集担当＝当時）は「渡辺さんも清原さんもいっさい口出ししなかった」と書いている（注17）。だが、内容的には渡辺氏の新聞づくりの思想とかなり似通ったところがある。少なくとも隔ってはいない。これは、渡辺氏からの介入を招かないように腐心しながら小委員会の独自性を貫く、といった微妙なバランス調整の結果と見るしかない。結果として、新綱領は、萎縮と暴走、メディアによる二極分化というこれまでのメディアの動きにさらに拍車をかけるだろう。

新聞、テレビ各社の取材、報道ガイドライン、マニュアルなどは年毎に分厚くなっている。若い記者たちはマニュアルに振り回されて右往左往、オロオロし、最終的には無難な報道姿勢を選択して、きわどい情報は伝えない方向へ流れる。ニュースの細部、実相が伝わらないこともあるので、読者、視聴者はフラストレーションがたまり、マスコミ不信を募らせる。

ところが、マニュアルにない未経験の事態が起きると記者たちは混乱し、報道の暴走が再び始まり、信頼をさらに失う。退いても進んでも信頼感が低下する悪循環である。他方で発売部数、視聴率という数字が経営に直接響く週刊誌、テレビのワイドショーなどが現在の編集、番組づくりから脱皮するのはなかなか難しい(注18)。所詮〝べからず論〟の倫理では公権力の介入を跳ね返すことはできないだろう。

新聞のもっとも大事な役割は権力を監視する犬としての働きである。犯罪情報はもちろん、犯罪とは関係なくても、また個人情報であっても、国民に伝えなければならないことはたくさんある。民主主義を健全に機能させるために、はがさなければならない仮面、虚名も少なくない。それらの情報を積極的に伝えてゆくことこそが信頼の回復につながってゆくのである。そのために、こんな時期には新綱領による断固たる決意表明が欲しかった。

新綱領からは、日本の再建、民主的平和国家建設への貢献を高らかにうたい上げた旧綱領に見られるような、時代の息吹もジャーナリストとしての見識も決意も伝わってこない。

難局を打開するために必要なのは、いたずらに自粛する〝べからず論〟ではなく、前向きの〝べき論〟による倫理の確立である。いま新聞は何をなすべきかをはっきりさせれば、報道していいことの限界やしてはならないこともおのずから明確になるはずだ。

繰り返すが、いま求められているのは「攻めの倫理」である。守りの倫理をいくら強化しても読者である市民の信頼を取り戻すことは難しい。積極的報道の中で生まれる自律、〝攻撃的自律〟こそ信頼回復の道である。それには、編集幹部が防御のための管理思想を捨て、現場で真剣に闘っている記者たちの悩みや苦しみをもっと吸い上げ、生かしてゆく必要がある。

冒頭に述べたように、専門職としての倫理である以上、社会の一般常識と食い違うこともあり得るが、それを恐れていてはかえって使命を果たせないことがある。読者の欲求を踏まえながらも、読者と一歩距離を置くこともジャーナリズム倫理の基本である。

そうかといって唯我独尊でいいわけはなく、読者、市民の考え方や記事の受け止め方をしっかり知らなければならない。公権力に対抗するには、ジャーナリストが読者、市民の中に入ってそれらの人々と連帯することも必要だ。ジャーナリストOB、弁護士、あるいは読者代表など多様な人材による議論を聞くことは、読者の新聞に対する欲求、価値観を知る回路として有効だろう。「苦情は自社対応」と自分たちだけの世界に閉じ籠もっていては市民との連帯は生まれない。

ただし、読者の欲求を踏まえ連帯するといっても、メディア、ジャーナリストの自主、自立、自律が大事なのは言うまでもない。

(7) おわりに

二〇〇三年五月に成立した個人情報保護法では、報道機関が報道目的で扱う個人情報については「個人情報取扱業者の義務」に関する規定は適用されないことになり、報道にとって決定的な障害となる「本人への情報開示」「本人の要求による情報利用停止」「情報収集時の利用目的明示」などの義務を報道機関は免れた。しかし、原案では義務規定こそ適用除外になっていたものの①利用目的による制限　②適正な方法による取得　③内容の正確性の確保　④安全保護措置の実施　⑤透明性の確保――という「基本原則」は報道機関にも適用されることとなっていた。

これらは義務規定ではないものの、民事上の制裁根拠になるなどメディア規制の原理になることは間違いなく、また政治家などが自分に都合の悪い情報発信を押さえるための牽制手段として利用することも予想されるなど、報道の自由を妨げる要因になることは明らかだった（詳細は『ジュリスト』一一九〇号＝二〇〇〇年一二月一日号）。さらに、「報道目的の情報授受」が適用除外とされなかったため、報道機関への情報提供が「第三者への提供」として規制される恐れがあり、内部告発によるマスメディアの情報入手を著しく困難にする法律である。

人権擁護推進審議会は二〇〇一年五月の答申で報道機関を強制調査の対象から外したものの新しい人権機関がメディアに介入する方針は維持した。つまり、被疑者・被告人の家族、少年の被疑者・被告人等に対する報道によるプライバシー侵害や過剰な取材等は人権侵害であるとして、調停、仲裁、勧告、訴訟救助などの積極的救済の対象とすることとしたのである（同年五月二六日付各紙朝刊）。法案（人権擁護法案）も答申通りに作成され、国会に提出された。

個人情報保護法案、人権擁護法案とも野党の反対で審理が難航した。前者は三次の国会にわたって継続審議とされた結果、政府が原案通りの成立を断念し、基本原則も削除した新法案に差し替えてようやく成立に漕ぎ着けた。

この過程で反対運動をリードしたのは雑誌関係者やフリーライター、作家などであって、新聞人は最終段階でやっと戦列に加わったものの、はじめは〝高見の見物〟といったスタンスだった。

人権擁護法案は、審議会設置の背景である「政府から独立した人権機関の創設」という国連の要求に反し、刑務所や拘置所などの官による人権侵害への対応が極めて不十分だったため厳しい批判を浴びて国会審議が進まなかった。さらに二〇〇三年二月には、名古屋刑務所で収容者が刑務官の暴行を受けて死亡した事件が発覚、刑務官が逮捕、起訴され法案審議どころではなくなり、最終的には廃案になった。

しかし、名古屋刑務所の事件を受けて法務省に設置された行刑改革会議が二〇〇三年一二月に行った提言には人権救済のための第三者機関設置の必要性が盛り込まれ、「人権擁護推進審議会の答申を最大限尊重し」とある。事務局が作文した提言の原案には「人権擁護法案を最大限尊重して」とあったが、委員が「廃案になった法案を尊重するのはおかしい」と修正させたのだというが、官僚は審議会答申にそった法律作りをあきらめてはいない証拠だろう。

他方、新聞報道のあり方を考える第三者機関は、二〇〇〇年一一月、毎日新聞に『開かれた新聞』委員会」として初めて誕生した。その後、翌年一月にかけて「報道と人権委員会」（朝日新聞）「新聞報道のあり方委員会」（東京新聞）「読者・紙面委員会」（新潟日報）などが続々登場した。これらの委員会はメディア研究者、弁護士、いわゆる識者などで構成されており、定期的に会合を開いて新聞報道のあり方について勧告するほか、読者や報道される側からの苦情、個々の記事の書き方についても意見を表明し、新聞でそれらを報ずるという共通点を持っている。日本型の読者対応方式として評価でき、一歩前進と言えよう。

メディア関係の労働組合の中には新聞協会が中心になって報道評議会を設置することを主張する人たちがいる。しかし、報道評議会を設けるにしても、それはあくまでもジャーナリストが任意に設置した、自由な緩い結合体でなければならない。ジャーナリスト団体ではなく、新聞経営者団体であり、しかも近年、中央集権的傾向を強め、自由な雰囲気が失われている新聞協会が主導権を握ることは、報道および報道機関の多様性の見地から危険である。

なお、新しい新聞倫理綱領づくりの中心だった中馬清福氏は倫理綱領を補完するものとして「私案・新聞記者行動規範」を発表（『新聞研究』五九八号＝二〇〇一年五月号）、次いで読売新聞が「記者行動規範」（同年五月一〇日付同紙朝刊）を、産経新聞が「記者指針」（同年五月三一日付同紙朝刊）をそれぞれ制定、公表した。「公正、妥当な取材」「正常な情報収集、取材」を強調している点が注目される。

（注1）（注2）マイケル・クロネンウエッター（渡辺武達訳）『ジャーナリズムの倫理』（新紀元社）

（注3）伊豫田康弘編『テレビ史ハンドブック』（自由国民社）

（注4）飯室勝彦、田島泰彦、渡辺眞次編『新版・報道される側の人権』（明石書店）、—この事件を多角的に論じ、資料も充実している。後出『マスメディアと図書館の使命』、拙著「公共の広場として

の図書館」＝『客観報道の裏側』（現代書館）所収

（注5）拙著「最高裁が誘導した慰謝料の高騰」＝『包囲されたメディア』（現代書館）所収

（注6）山口俊一氏による「〝報道と人権等のあり方に関する検討会〟報告書について」講演（マスコミ倫理懇談会全国協議会『マスコミ倫理』四八一号＝一九九九年一一月二五日号）

（注7）長岡義幸「少年犯罪続出で動き出したメディア規制法」＝『創』二〇〇〇年七月号、前掲『包囲されたメディア』

（注8）報道規制全般については、前掲『包囲されたメディア』、田島泰彦他編『個人情報保護法と人権』（明石書店）、梓沢和幸他編『誰のための人権か』（日本評論社）

（注9）東京新聞二〇〇〇年八月一六日、拙著「報道の自由を脅かす強制調査権」（日本新聞協会『新聞研究』五八九号＝二〇〇〇年九月号）、前掲『包囲されたメディア』

（注10）拙著「〝印籠〟としての人権ではなく」＝前掲『新版・報道される側の人権』所収

（注11）二〇〇〇年八月五日付東京新聞など各紙、日本新聞協会「新聞協会報」二〇〇〇年一一月二三日、二〇〇〇年一月一日、一月一八日、七月一八日号

（注12）二〇〇〇年七月二九日付東京新聞など各紙朝刊

（注13）拙著「〝客観報道〟という名の権力追随」＝前掲『客観報道の裏側』所収

（注14）前掲「公共の広場としての図書館」

（注15）マスコミ倫理懇談会全国協議会『マスコミ倫理』四六八号（一九九八年一〇月二五日号）

（注16）二〇〇〇年三月一、二日付け東京新聞など各紙朝刊社説。後出「通り魔判決に見るジャーナリズ

ム論と法律論」

（注17）　中馬清福「新〃新聞倫理綱領〃制定にあたって」＝『新聞研究』五八九号（二〇〇〇年八月号）

（注18）　一九九〇年代、政治家や公的人物のスキャンダルを果敢に報道して人気のあった『週刊現代』『週刊ポスト』両誌は二〇〇〇年代に入り慰謝料の高騰で暴露路線を封じられ、過激な女性ヌード写真の袋とじで発行部数トップの座を争った。

新聞倫理綱領（二〇〇〇年六月二一日制定）

21世紀を迎え、日本新聞協会の加盟社はあらためて新聞の使命を認識し、豊かで平和な未来のために力を尽くすことを誓い、新しい倫理綱領を定める。

国民の「知る権利」は民主主義社会をささえる普遍の原理である。この権利は、言論・表現の自由のもと、高い倫理意識を備え、あらゆる権力から独立したメディアが存在して初めて保障される。新聞はそれにもっともふさわしい担い手であり続けたい。

おびただしい量の情報が飛びかう社会では、なにが真実か、どれを選ぶべきか、的確で迅速な判断が強く求められている。新聞の責務は、正確で公正な記事と責任ある論評によってこうした要望にこたえ、公共的、文化的使命を果たすことである。

編集、制作、広告、販売などすべての新聞人は、その責務をまっとうするため、また読者との信頼関係をゆるぎないものにするため、言論・表現の自由を守り抜くと同時に、自らを厳しく律し、品格を重んじなければならない。

自由と責任　表現の自由は人間の基本的権利であり、新聞は報道・論評の完全な自由を有する。それだけに行使にあたっては重い責任を自覚し、公共の利益を害することのないよう、十分に配慮しなければならない。

正確と公正　新聞は歴史の記録者であり、記者の任務は真実の追究である。報道は正確かつ公正でなければならず、記者個人の立場や信条に左右されてはならない。論評は世におもねらず、所信を貫くべきである。

独立と寛容　新聞は公正な言論のために独立を確保する。あらゆる勢力からの干渉を排するとともに、利用されないよう自戒しなければならない。他方、新聞は、自らと異なる意見であっても、正確・公正で責任ある言論には、すすんで紙面を提供する。

人権の尊重　新聞は人間の尊厳に最高の敬意を払い、個人の名誉を重んじプライバシーに配慮する。報道を誤ったときはすみやかに訂正し、正当な理由もなく相手の名誉を傷つけたと判断したときは、反論の機会を提供するなど、適切な措置を講じる。

品格と節度　公共的、文化的使命を果たすべき新聞は、いつでも、どこでも、だれもが、等しく読めるものでなければならない。記事、広告とも表現には品格を保つことが必要である。また、販売にあたっては節度と良識をもって人びとと接すべきである。

旧・新聞倫理綱領　（一九四六年七月二三日制定・一九五五年五月一五日補正）

日本を民主的平和国家として再建するに当たり、新聞に課せられた使命はまことに重大である。これを最もすみやかに、かつ効果的に達成するためには、新聞は高い倫理水準を保ち、職業の権威を高め、その機能を完全に発揮しなければならない。

この自覚に基づき、全国の民主主義的日刊新聞社は経営の大小に論なく、親しくあい集って日本新聞協会を設立し、その指導精神として「新聞倫理綱領」を定め、これを実践するために誠意をもって努力することを誓った。そして本綱領を貫く精神、すなわち自由、責任、構成、気品などは、ただ記者の言動を律する基準となるばかりでなく、新聞に関係する従業者全体に対しても、ひとしく推奨さるべきものと信ずる。

第1　新聞の自由　公共の利益を害するか、または法律によって禁ぜられている場合を除き、新聞は報道、評論の完全な自由を有する。禁止令そのものを批判する自由もその中に含まれる。この自由は実に人類の基本的権利としてあくまでも擁護されねばならない。

第2　報道、評論の限界　報道、評論の自由に対し、新聞は自らの節制により次のような限界を設ける。

イ　報道の原則は事件の真相を正確忠実に伝えることである。

ロ　ニュースの報道には絶対に記者個人の意見をさしはさんではならない。

ハ　ニュースの取り扱いに当たっては、それが何者かの宣伝に利用されぬよう厳に警戒せねばならない。

ニ　人に関する批評は、その人の面前において直接語りうる限度にとどむべきである。

ホ　故意に真実から離れようとするかたよった評論は、新聞道に反することを知るべきである。

第3　評論の態度　評論は世におもねらず、所信は大胆に表明されねばならない。しかも筆者は常に、訴えんと欲しても、その手段を持たない者に代わって訴える気概をもつことが肝要である。新聞の高貴たる本質は、この点に最も高く発揚される。

第4　公正　個人の名誉はその他の基本人権と同じように尊重され、かつ擁護さるべきである。非難された者には弁明の機会を与え、誤報はすみやかに取り消し、訂正しなければならない。

第5　寛容　みずから自由を主張すると同時に、他人が主張する自由を認めるという民主主義の原理は、新聞編集の上に明らかに反映されねばならない。おのれの主義主張に反する政策に対しても、ひとしく紹介、報道の紙幅をさくがごとき寛容こそ、まさに民主主義新聞の本領である。

第6　指導・責任・誇り　新聞が他の企業と区別されるゆえんは、その報道、評論が公衆に多大な影響を与えるからである。公衆はもっぱら新聞紙によって事件および問題の真相を知り、これを判断の基礎とする。ここに新聞事業の公共性が認められ、同時に新聞人独特の社会的立場が生まれる。そしてこれを保全する基本的要素は責任観念と誇りの二つである。新聞人は身をもってこれを実践しなければならない。

第7　品格　新聞はその有する指導性のゆえに、当然高い気品を必要とする。そして本綱領を実践すること自体が、気品を作るゆえんである。その実践に忠実でない新聞および新聞人は、おのずから公衆の支持を失い、同志の排斥をこうむり、やがて存立を許されなくなるであろう。ここにおいて会員は道義的結合を固くし、あるいは取材の自由を保障し、または製作上の便宜を提供するなど、互いに助け合って、倫理水準の向上保持に努めねばならない。

かくて本綱領を守る新聞の結合が、日本の民主化を促進し、これを保全する使命を達成すると同時に、業界を世界水準に高めることをも期待するものである。

2　時流に合わせて振るタクト

メディアが国益や国策なるものを優先させ一色に染まった結果がどうだったか、それは歴史が教えている。それでもなお、この国には多様な言論を認めない人がいる。メディアを一色に染めようとする人がいて、染まろうとするメディアがある。

(1)　拉致報道のタブー

二〇〇二年九月、小泉純一郎首相が朝鮮民主主義人民共和国（北朝鮮）を訪問して行った金正日・北朝鮮労働党総書記との首脳会談で突破口が開けたかに見えた日朝国交正常化交渉は、北朝鮮による日本人拉致問題でたちまち行き詰まった。拉致された被害者が何人も死亡していることが分かったことから日本の世論も報道も北朝鮮憎しの一色に染まった。拉致問題についての北朝鮮の不誠実な対応、北が明らかにした情報の扱いに関する外務省の不手際のせいもあるが、米政府高官のリークによって明らかになった北の核開発が日本の世論をより一層硬化させた。日米両政府共有の秘密だった核開発疑惑をあえて記者に漏らすことで日朝接近に不快感を表明した米政府の狙いは成功したと言えよう。

拉致問題の主導権は柔軟交渉路線の外務省から対北朝鮮強硬派の安倍晋三・内閣官房副長官（当時、その後自民党幹事長）の手に移り、国交問題は拉致問題の後景に押しやられた。マスメディアは首脳会談の直後に帰国した五人の拉致被害者およびその肉親に密着しながら、それでいて腫れ物にさわるような取材と報道を続けた。報道の多くは情緒的で、結果として北への不信感、憎悪をますます増幅させた。

そうした中で、拉致報道にはいくつかタブーが生まれた。

まず、「北朝鮮に拉致された日本人を救出するための全国協議会」（略称・救う会）のリーダーがかつて反共運動団体の有力メンバーだったという思想的政治的背景は一切報じられない。北朝鮮にいるキム・ヘギョンさん（当時一五歳）は拉致され死亡したとされる横田めぐみさんの娘だが、彼女には親権者である北朝鮮人の父親がいる。帰国した被害者、蓮池薫・祐木子さん夫妻や地村保志・富貴恵さん夫妻の北朝鮮に残された子どもとは法的立場が全く異なるのに、それを明確に指摘しないまま全員を同一視して「北朝鮮は残っている家族を日本に帰せ」という被害者家族や安倍氏らの主張を繰り返し報道するだけだった。

一般的に、拉致問題に強硬姿勢をとる政治家やいわゆる有識者は日朝国交回復に消極的だが、それを相関関係でとらえた報道はない。朝鮮人の強制連行をはじめ、日本側が第二次大戦中に朝鮮半島で行った蛮行の清算が済んでいないことにもきちんと触れられてはいない。「拉致は犯罪だが強制連行は戦争行為」などといった身勝手な言説を堂々、紹介したメディアさえある。

首脳会談から間もない一〇月に行われたフジテレビ、朝日新聞、毎日新聞によるヘギョンさんに対するインタビューとその報道(注1)は、こうした状況に風穴を開ける可能性を秘めていた。拉致問題報道では、被害者側の要望もあり、メディアスクラムを防ぐとの理由から、被害者側に対しては取材自粛や代表取材が通常になっており、新聞もテレビも横並びで変わり映えしない報道だっただけに、三社の特ダネインタビューを機に報道が活性化し、多様化することが期待された。

ところが、インタビューへの厳しい批判がわき起こり、手法ばかりか取材、報道それ自体を非難する激しいリアクション(注2)で報道の変化の芽は摘まれた。特ダネを抜かれたメディアからの動機不純と思わせる攻撃に加え、いわゆる評論家、研究者といった類の人物の時流に乗ったお手軽な論評の数々、それに和す一般読者、視聴者の声が高かったことは、一色に染まりやすいこの国の風土、国民性を映し出した。当事者が意識していたかどうかはともかく、それは国策に奉仕しないメディアに対する攻撃だった。

ヘギョンさんの発言は「お母さんが日本人だとは知らなかった」「日本から拉致されてきたことも知らなかった」「お祖父さん、お祖母さん（めぐみさんの両親である横田滋さん、早紀江さん夫妻）には会いたいが、私が日本に行くことに朝鮮人である父親が賛成するとは思えない」「家族をおいて日本には行けない」「お祖父さん、お祖母さんが会いに来てください」というものだった。

これに対してインタビューへの批判はおおむね次のように集約できる(注3)。

「一五歳の少女にとってむごい質問もあり、聞き方も畳みかけるようで尋問調だった」「彼女には北朝鮮政府が言わせているのであり、インタビューに応じさせたのは北側の謀略宣伝」「三つのメディアは謀略の片棒を担いだ」「北がヘギョンさんを日本によこすべきなのに『そちらから会いに来い』という発言を報じるのは北を利する」「こちらから北朝鮮訪問はせず、あくまでも北に残った家族を取り戻して永住帰国させようとしている被害者家族を分断する企みだ」

(2)　キム・ヘギョンさんへのインタビュー自体を批判

一見して明らかなように、テレビに登場したインタビューアーの質問や話法など取材手法と、芸能ニュースと同列に扱うかのようにワイドショー仕立てだった報道手法だけが批判の対象ではない。取材し報道したこと、それ自体までが否定的に評価されている。

こうした批判が被害者家族から出ただけならまだ理解できる。家族達は、拉致された肉親を取り返すため、政府の支援も世論の声援もろくに得られないまま二〇年以上も孤独な戦いを続けてきた。五人の被害者の帰国がやっと実現し、息子や娘と再会を果たしたものの、北朝鮮にはその子ども達が人質のように残されている。いまだに消息不明の拉致被害者も多い。

それだけに周囲の反応には神経を尖らせ、少しでも北に有利と感じられる言動が日本側から出れば自分たちに対する裏切りと受け取ってしまう。北を非難する世論が盛り上がった矢先のインタビューで家族の意に反する主張が日本の視聴者、読者に伝わったのだから、反発したのは自然な感情の発露と言えよう。

問題は当事者の三つのメディアを除く他のメディアが、そうした反応をただ客観的に報道したことである。それに対する批判的相対的視点を示さなかったことである。一部はインタビュー攻撃の輪に積極的に加わりさえした。さらに危機感を覚えたのは少なからざる評論家、研究者などと称するいわゆる識者がこの攻撃の声に唱和したことである。

曰く「北朝鮮が強烈な情報戦を仕掛けてきた。（中略）報道する側も情報をどう扱うか、世論形成の当事者として報道姿勢が問われている」、曰く「北朝鮮に残した家族を取り返すと言っているときに『お祖父さん、お祖母さん、会いに来て』と言わせるのは家族会や日本政府への挑戦。北の謀略に乗ったものだ」、また曰く「日本の報道機関は日本国民が情報戦のまっただ中に置かれていることを肝に銘じるべきだ」……。

拉致問題を日本側の主張通りに解決することにメディアが協力するのは当然であり、非協力者は非国民と言わんばかりだ。ここには報道機関の役割に関する無知、認識不足、ないしは誤解がある。これは民主社会の基盤にかかわる重要な問題である。

まず第一に民主主義社会では表現・言論・報道の多様性が尊重されなければならないことが理解できていない。自分と違う意見であっても尊重し、他者の自由、闊達な言論展開を許容することが民主社会を維持発展させる。言論・報道の自由の保障により社会が安定するのである。

むろん、何の罪もない男女を拉致した北朝鮮の工作機関の犯罪を憎み、被害者・家族の苦しみ、悲しみを理解しなければならないのは、ジャーナリストとしても一市民としても当然である。ジャーナリストの活動の原点はヒューマニズムであり、被害者に対する共感がしばしば取材活動のエネルギーになる。しかし、ジャーナリストの役割は事実を伝え国民の知る権利にこたえることが第一義である。取材、報道を通じて被害者との連帯が生まれ、事件解決や被害者救済がなされることはあっても、それは第一の目的ではなく、報道活動の結果としてである。

ましてメディアは国策遂行の手段などではない。むしろ、公権力と常に対峙し、批判的な目でチェックするのがジャーナリストが保つべき姿勢である。

共感、連帯は癒着とは違う。ジャーナリストも彼が属するメディアも、公正な報道をするためにも、報道が公正であると信頼されるためにも、事件、出来事の当事者から一定の距離を保たなければならない。必要な場合には、被害者、弱者にも批判の目を向け、被害者らにとって苦いニュースでも報じなければならない。「さわらぬ神にたたりなし」は禁句だ。

(3) 批判は〝抜かれ者の小唄〟

ところで、ヘギョンさんの人となりは多くの日本人にとって重大な関心事だった。彼女がどんな少女で、母親についてどの程度の情報を得ているのか、日本の肉親との面会についてどのような考えを持っているか、など数々の疑問の答えを得たいと思った人は多い。フジテレビの特別番組の視聴率が二六パーセントにも達したことがそれを証明している。

ヘギョンさんの肉声のニュース価値に着目したフジテレビ、朝日、毎日両紙の記者のセンスはほめられこそすれ批判されるべきいわれはない。事実、インタビューには、直接、彼女にかかわる事柄だけではなく、背後に見える北朝鮮の国情も含め貴重な情報が含まれていた。

三社以外のメディアがインタビューを申し込んだという情報はない。北側からのインタビュー提案を断ったのなら、それは一つの見識とは言える。だが、取材を思い立たなかったメディアに取材に成功したメディアを批判する資格があるだろうか。ある民法テレビ会社の社長のように「北朝鮮が宣伝に使えそうな社にやらせたのだろう。うちはやらせてやると言っても拒否する」と言うに至っては〝引かれ者の小唄〟ならぬ〝抜かれ者の小唄〟に聞こえる。

むろん、北朝鮮側に日本の世論を和らげるための宣伝意図があったことは間違いあるまい。ヘギョンさんが政府の指示、ないしは教育を受けて「言わされて」いたのも確かだろうが、それらを差し引いても報道の価値は大きかった。

むしろ取材しようとしなかったメディアこそ怠慢だ。情報の価値を判断するのは読者、視聴者であり、情報を最大限提供するのがメディアの使命である。多くの人が北の宣伝意図を見破ったことはフジテレビや毎日新聞などへの抗議で明らかであり、大衆は健全な判断力を持っていることを示している。朝日新聞、毎日新聞には北の宣伝意図を減殺する解説記事もあった。

批判されるべきは過度の演出でワイドショーのような報道をしたテレビの手法であって、取材したことや報道したことではない。確かに、テレビ画面では質問の仕方、態度など疑問に思える場面、ヘギョンさんが痛々しく見えるシーンもあったが、相手の持つ情報、知識量や置かれた立場などについて、事前に十分な知識を得られないぶっつけ本番の取材ではある程度やむを得ない要素がある。結果だけで批判することは、少なくとも報道の現場を知る者は慎むべきだ。

その意味で特に違和感を覚えたのは新聞に載った次のような談話（注4）だった。談話の主がジャーナリズム論専攻だという大学教授だったからである。

「二五歳の子どもに、降ってわいたような質問をすることが拉致問題の解決に道を開くとは思えない。父親にまずインタビューすべきだったし、少なくとも同席させるべきだった」

新聞談話は本人の意図を正確に伝えないこともある。以下は記事が教授の話の内容を正しく伝えていることを前提にした論述だが、この教授は拉致問題の解決がジャーナリズムの使命だと考えているのだろうか。そうだとすれば、それは戦前のジャーナリズム観と言わざるを得ない。繰り返すが、ジャーナリズムの第一の使命は報道であり、解決はその結果であって、問題の解決を直接目的として取材、報道するのではない。

また、教授は北朝鮮がメディアの求めに応じて父親へのインタビューや父親の同席を許すと本気で思ったのだろうか。北にしてみればヘギョンさんだからこそ宣伝効果がある。ジャーナリズム研究者なら、あの国の国柄や問題の性質を考えれば父親を出してくることはあり得ないと判断できるはずだ。

実現するはずのない条件を示して、それがかなえられないからといって批判するのは批判のための批判と言うしかない。

(4)　与えられた条件下でベストを

いつも思い通りの条件が整うのを待っていてはジャーナリストの使命は果たせない。満足できなくても、与えられた条件の下でベストを尽くさなければならないこともあるのがジャーナリストの宿命だ。このケースの場合、相手は未成年であることに留意し、保護者のような配慮もしながらインタビューに臨むしかなかった。その意味で、問題は取材手法と報道の仕方にあるのであって取材、報道自体にあるのではない。

ジャーナリズム、ジャーナリストの宿命を無視してジャーナリズムを論じても非建設的で、現場にとっては無益な、論議のための論議でしかない。キム・ヘギョンさんインタビューに対する批判のほとんどは、問題点の論理的な整理もなされないで展開された、印象批評に過ぎないと言っていい。

日本のメディアはしばしば横並びと批判され金太郎飴と言われている。しかし、インタビューに対する評論家、教授などの数々の論評を読んだり聞いたりした結果は「時流に合わせてタクトを振る」のはメディアだけではないという実感だった。

もっと驚くべき新聞記事にもぶつかった。「〝一五歳会見〟問われたメディア」(注5)と題した大型記事の中に記者の文章として「報道機関には国益や人命への細心の配慮が求められる」とさらりと書いてあった。

前文を「メディアのあり方、責任が改めて問われている」と締めくくり、本文の冒頭に「国益がかかっているのに、マスコミが北朝鮮に乗せられてしまった」という外務省幹部の談話を掲げた記事は、インタビュー報道を国益に反するものとして批判している。

人命に配慮が必要なことはいまさら言うまでもない。しかし、国策、国益なる言葉に惑わされ、政府の言うがままにメディアが一色に染まった挙げ句があの敗戦だった。私たちは、国策や国益と言われるものにも疑いの目を向け批判することの重要性を学んだ。これはジャーナリズムの原点である。

あれからまだ半世紀余しかたっていないのに、こんな文章が当たり前のように登場する社会になってしまったのである。それも〝営業保守〟とでも言うべき特殊なメディアならともかく、一般紙と呼ばれる新聞にである。これは、日本の民主主義、ジャーナリズムの底の浅さを物語っていないだろうか。

その後、『週刊金曜日』が帰国中の拉致被害者、曽我ひとみさんの夫である米国人、ジェンキンズさんと二人の娘に平壌でインタビューして報道した(注6)ことに対しても、ヘギョンさんのインタビューと同じような非難がわき起こった。記事の主要部分は「平壌で話し合いたい」と曽我さんに北朝鮮に戻るよう呼びかけた三人の発言だった。

記事からは記者の未熟さが窺われ、北朝鮮側に利用された面があることは否めない報道だが、北に残された子どもら家族の言い分を伝えた意義は大きい。たとえ北朝鮮側の言い分であっても、それを伝えるのはメディアの使命である。しかし、小泉首相が報道を批判し、『週刊新潮』など一部メディアが同誌にファナチックな攻撃を加えるなど異常な事態が続いた。

このような現象を「ソフトナショナリズム」と表現した人がいるが、いまやナショナリズムそのものが支配する社会になりつつあるのではないかと怖い。ある研究会で聞いた「北朝鮮による拉致被害者家族連絡会」（略称・家族会）事務局長、蓮池透さんの講演では、背後にファシズムの足音が聞こえるかのようだった。彼は約二時間にわたり報道に対する期待、不信、苛立ちを語った。世論を盛り上げ、腰の重い政府を動かすには報道の協力が欠かせないこと、被害者側の思惑通りに報道しないマスコミがあること、北の宣伝に載せられた（と彼が思う）報道もあること……などなどだ。「この問題で多様な言論などあり得ない」「日本のメディアが日本の国策に従うのは当然だ」「家族会の方針にそって報道すべきだ」とも言い切った（注7）。世論はおおむねこうした主張を支持しているようにみえる。

この雰囲気は犯罪被害者、悪質交通事故被害者の燃え上がる怒り、その怒りに基づく少年法をはじめとする法改正による厳罰化や判決の量刑引き上げの要求に似ている。一九〇〇年代末尾からは被害者の意に沿わない発言、報道が極めてしにくくなった。死刑判決を受けた被告人の弁護人が控訴手続きを取っただけで被害者から激しく非難されたりすることもある。メディアはその非難を情緒的肯定的に報道している。

ある懇談会で、酒酔い運転による死亡事故の法定刑に無期懲役や死刑を加えるよう主張する被害者に驚いた。長年、刑事手続きに関与できず置き去りにされてきた被害者は、やっと吹き始めたフォローの風をつかもうと懸命だった。その心情を考えれば、犯罪・拉致被害者、家族の言動をあれこれ批判するのは慎しみたいが、刑事政策が感情や感覚に支配されることへの警戒は怠らないようにしたい。二〇〇二年の統計によると、過去一〇年間で刑務所の新規入所者の刑期が平均四カ月延びたこと、酒酔い運転などによる死傷事故を重罰化した危険運転致死傷罪が制定後一年間で三二二件も適用されたことは何を意味するのだろう。

同じように感情に支配された対北朝鮮外交を見ると、実に憂うべきは日本人の〝歴史健忘症〟だ。朝鮮半島との関係では初めて「一〇〇％被害者」といえる拉致問題に直面して、過去をすっかり忘れてしまった。乗り合わせたタクシーの六〇歳ぐらいの運転手が「強制連行？　そんな昔のこと、いまごろ俺たちに責任を取れと言われてもなあ」と言い放ったことが印象的だ。

外相を押しのけて対北朝鮮外交の主導権を握った安倍晋三氏は、「北は困っている。押せば退く。日本の要求に応じる」と強硬策をとり続けた。多くの新聞は被害者に言いにくいことを言うのを避け、安倍路線に同調し続けた。

しかし、安倍路線は相手が理性的な行動をするという保証があってこそ成り立つ。困窮すれば正常な判断力が働くことが前提だが、産業が壊滅し疲弊の極に陥っても国の指導者が国民に「欲しがりません勝つまでは」と言わせ、米国の強大な軍事力に竹槍で対抗しようとしていた、かつての日本の姿は思い浮かばないのだろうか。

(5)　ついにテロを容認

その挙げ句、飛び出したのが石原慎太郎・東京都知事のテロ容認発言である。二〇〇三年九月一〇日、対北朝鮮柔軟交渉派の田中均・外務審議官（当時）の東京都内の自宅に発火物が仕掛けられ、柔軟外交を非難する犯行声明が報道機関に届いた。それを知った石原知事は自民党総裁選応援の街頭演説の中で「爆弾を仕掛けられて当ったり前の話だ」と言い切って田中氏の外交姿勢を攻撃した(注8)。大臣の経歴もある現職知事がテロ行為を支持する異常な社会になったのである。新聞の世論調査によると「知事として軽率だが気持ちは分かる」などとしてテロ行為を憎む雰囲気はあまりなかった。

小泉首相は「極めて不適切」と石原発言を一応批判したが、総裁戦に圧勝してつくった新政権には〝ネオコン改憲政権〟と呼べるほどタカ派を並べた。その代表的存在である安倍氏を自民党幹事長に抜擢して党運営の権力を握らせ、内閣には北朝鮮制裁論者、徴兵制合憲論者、憲法改正積極論者などをずらりとそろえて憲法改正案作成の計画も明らかにした。これに対してメディアは、四九歳、閣僚未経験の幹事長という清心イメージの目くらましにあって政権の本質を伝えきれなかった。もっぱら安倍氏の若さと人気を強調するばかりで彼の政治思想の分析のかけらも伝えなかった。他の閣僚も同様である。お陰で、一時落ちかけていた小泉人気は再上昇し、世論調査では内閣支持率が七〇％にも達する異常事態となった。

メディア対策を重視する小泉政権では、首相が日に一度は必ずテレビカメラの前に立ち「簡単な言葉で短く繰り返し分かりやすく」語る。国民的人気を背景に断固、持説にこだわる頑固さで「聖域なき改革」を唱えて突っ走る。――メディア対策の重視とその利用手法、人気を支えにした独裁的政治手法などナチス、ヒットラーとの類似点が少なくない。ナチスは選挙で小泉氏と同じように合法的に政権を獲得して独裁の道へ出発した。長引く不況による閉塞感から国民が出口を求めて強い指導者を期待している社会状況もナチスが台頭した当時に似ている。

イラク戦争での自営艦による米艦への給油という実質参戦、さらに戦後イラクへの自衛隊派遣に象徴される憲法九条の形骸化、国家意識の高揚とそれを利用した外交を進める小泉政権は、戦後最も反憲法的な政権と言える。その本質を国民に正しく伝えることこそがメディアの使命であり、「時流に合わせて振るタクト」に従うのは最も忌むべき報道姿勢である。

(注1)　二〇〇二年一〇月二六日付朝日新聞、毎日新聞朝刊
(注2)(注3)「キム・ヘギョンさん報道　蓮池透さんが批判」＝二〇〇二年一〇月二七日付毎日新聞朝刊・「波紋広げたキム・ヘギョンさんとマスコミ三社」＝二〇〇二年一〇月二九日付朝日新聞朝刊・「過度の演出、視聴者反発」＝二〇〇二年一〇月三〇日付東京新聞朝刊
(注4)　前掲東京新聞
(注5)「〝一五歳会見〟問われたメディア」＝二〇〇二年一一月一日付読売新聞朝刊
(注6)「早くお母さんに会いたい」＝『週刊金曜日』四三六号・二〇〇二年一一月一五日
(注7)　マスコミ倫理懇談会全国協議会『マスコミ倫理』五二〇号・二〇〇三年三月
(注8)　二〇〇三年九月一一日付各紙朝刊

3　イラク派兵で進む情報統制の裏側

イラク派兵を機に強化された防衛庁、自衛隊の情報統制は、この国が再び軍事国家の道を歩むことになりかねない危険性を示している。いまや小泉純一郎首相は、パフォーマンス宰相、ポピュリズム政治家などと揶揄する対象ではなく、ジャーナリストが対決しなければならない存在となったのに、多くのメディアはその本質を見抜けずに情況に流されているのではないか。

(1)　まるで「大本営発表」の復活

新聞各紙の報道やジャーナリスト見岩文良氏の「『イラク』で進む情報統制」(『世界』二〇〇四年三月号)によると、二〇〇四年一月九日、防衛庁はイラクに派遣される部隊の取材規制を突然、マスコミ各社に文書で通告した。石破茂長官が防衛記者会に所属する各社の編集幹部を東京・市ヶ谷の防衛庁に集め「イラク人道復興支援特措法に基づく自衛隊部隊の派遣に関する当面の取材について」と題するA４版四枚の文書を手渡したのである。

書面では、派遣隊員の安全確保を理由に、部隊、装備品、補給品の数量、部隊の行動基準、部隊の活動予定などの報道を自粛し、現地でも取材を控えるよう要求していた。協力しなければ「事後の取材をお断りすることになります」と記されていただけでなく、現地での活動は本庁でのブリーフィングや防衛庁ホームページで公表された情報により報道せよ、とも付け加えられていた。自由な取材をやめ、「大本営発表」だけを報道せよという旧陸海軍のような方針に各社が同意しなかったのはいうまでもない。

さらにその夜、防衛庁の広報課長が記者会の幹事社記者を呼び出し、「今月一九日以降、陸海空各幕僚長の定例記者会見を廃止する」と通告した。当然、幹事社は拒否した。慣例により記者会の拒否で会見廃止は白紙に戻った、というのが記者会側の受け止め方だったが、四日後に定例会見した古庄幸一海上幕僚長が「これが最後の機会だそうですから」と発した一言で大騒ぎになった。記者会が拒否したにもかかわらず、防衛庁幹部は幕僚長の定例会見の廃止を決め、各幕僚長に伝えていたのだ。

確かに防衛庁では幹部の記者会見が多い。見岩レポートによると、毎週、長官が二回、副長官が一回、事務次官が二回、官房長が二回、統合幕僚会議議長と各幕僚長が一回、定例で記者会見する。一見すると多すぎるようだが、国民に見えないところで暴走した旧軍の秘密体制を考えれば、自衛隊の透明性を高めるために当たり前のことである。

ところが、防衛庁はその後、各幕僚長に続いて副長官、官房長の定例会見を廃止する方針を表明した。その理由として「質問の出ない会見が多い」「最近は臨時記者会見で対応することが多い」ことなどをあげたが、記者会側のデータに基づく追及で理由として掲げた事項は虚偽と認めざるを得なかった。

結局、防衛庁は「二月一九日以降廃止」を撤回し記者会と協議することになったが、その後、庁内の記者立ち入り制限禁止区域を広げたり、イラクでの部隊の動向に関する広報を拒否し、先遣隊がクウェート入りしてからも発表、広報はなく、イラク入国もなかなか認めなかった。各社ともイラク入国の報道は現地派遣記者の情報によるものだった。そのほか、テロ情報の原則非開示を宣言し、防衛庁職員にはマスコミの取材を受けたら内容をすべて上司、広報担当者に報告するよう事実上の箝口令をしくなどして情報統制をますます強めている。

現地サマーワでは当初、オランダ軍に間借りしていた宿営地の外で派遣隊の司令官や広報担当者が取材に一定の対応をしていたが、攻撃を受けるおそれもあることから陸幕は二月上旬になって宿営地などに記者が出入りできる暫定記者証を発行した。しかし、「所定の取材対応時以外は隊員に対する取材はしない」ことが条件になっており、自由な取材はできなかった。自衛隊側の示した取材、報道の細かい条件に合意することが記者証発行の条件だった。

これらの情報統制には小泉首相、福田康夫内閣官房長官（当時・同年五月に辞任）ら首相官邸側の苛立ち、それに便乗した防衛庁内局組の「シビリアンコントロール」を口実にした私服組支配強化の思惑があるといわれる。

イラク派兵は自衛隊にとっても日本国民にとっても歴史的転換点であり、憲法九条の完全空洞化だけにメディアの報道はきわめて活発だ。派遣部隊名、派遣規模、出発時期、武器使用基準などが公式発表を待たずに次々報道された。

福田長官らには、これらが制服組からの情報漏洩と映った。制服組のはしゃぎすぎと苦々しく思っていたようだ。「情報管理がなっていない」と防衛庁幹部を叱責し、部隊の人数、派遣日程など数字が報道されるたびに、防衛庁に変更を命じ、報道を誤報にさせようとした。首相もこれに同調し石破長官に箝口令をしいた。記者会見の廃止はこうした情報統制の一環である。内局組は「制服に勝手にしゃべられてはコントロールできない」と官邸の路線に乗ったといわれる。

制服組は幕僚長の定例会見廃止に「現場の肉声が国民に伝わらない」と大いに不満だ。記者会見で各幕僚長は、廃止を各幕に通告したいきさつに関して官房長の記者に対する説明が嘘であることを暴露してしまった。

こう書いてくれば、官邸側および私服組が情報を隠す悪玉で、制服組が情報開示に熱心な善玉のように見えるが、ことはそれほど単純ではない。ＰＫＯ（平和維持活動）で実績を積み、ガイドライン法、有事関連法などの法整備も進んだうえ、重火器、装甲車を装備してのイラク派兵とあって、自衛隊の制服組は自分たちの活動に自信を持ち始めた。幹部の心中には、この機に存在感を国民にアピールし、日陰の存在から一気に日の当たる場所へ躍り出したいという思惑があった。それだけにイラクへの出発を前にして、不審者を狙撃したり、部隊が移動中に襲われた場面を想定した訓練を公開するなど広報も積極的だった。特派予定の記者に攻撃から逃れる訓練をするほどのサービス精神さえ発揮した。

しかし、今回の情報統制強化を私服組と制服組の思惑の衝突としてシニカルにとらえるだけだと、事柄の本質を見誤る。メディアは、両者の思惑を冷静に認識し、それに乗せられないよう警戒しながら、正確で豊富な情報を国民に伝えていかなければ、軍を国民が監視、チェックし、統制することができなくなる。

小泉内閣は首相のパフォーマンスで高い国民的人気を得ている。政策で失敗しても支持率はあまり下がらない不思議な内閣である。人気を維持している原因の一つは、重要な情報を首相自身が突然公表して国民に強い印象を与えることである。冷やかし、軽蔑を含めて〝サプライズ内閣〟と言われるゆえんだ。公表より先に報道されてはその効果が薄れるので情報を官邸でコントロールしたいのだ、という見方も一部にあるが、これも事態の重大性を覆い隠してしまう。

(2)「説明責任」の確認を拒否

報道管制が何を目指しているか、防衛庁がメディアに押しつけている取材、報道のルールをみれば明らかになる。

一月下旬に申請書が配られ、二月上旬に発行された「暫定記者証」(正式には「暫定立ち入り証」)をめぐってはさまざまな規制の受け入れが発行の条件となった。素直に記者証を申請した記者と、制約を嫌って申請しなかった記者では取材対応に格差がつけられた。自衛隊は記者証を取得した記者たちには宿営地から離れた取材地点への移動に車両を提供し、警護車両もつけたが、記者証のない記者の取材ポイントへの立ち入りは拒否した。

イラク派兵を後押しする新聞、テレビには現地派遣隊長が単独インタビューに応じるなど、政府にとって役に立つメディアと批判的なメディアでは取材対応を区別するようになった。メディアを選別的にコントロールすることによって国民に届ける情報を管制しているのである。

三月に入り、自衛隊が自前の宿営地に落ち着き、本格的な活動をするようになってから日本新聞協会、日本民間放送連盟と防衛庁の間の話し合いの結果が「確認事項」としてまとまったが、ここでも防衛庁側の態度は堅かった。防衛庁が約束したのは①現地および東京での定期的、継続的な情報発信②各種インタビューや宿営地内外における取材機会の設定③現地での取材申し込みに対するできる限りの対応——といった原則的なことばかりで具体的な約束はない。かえってメディア側は「状況によっては個別的な要望には十分応じられないことがあり得ることを理解」させられた。

宿営地など立ち入り制限区域に入って取材するための「立ち入り取材員登録」「立ち入り取材員証」は、申請書に印刷された細かな規制に合意しなければ登録受け付けや発行がなされないことになった。とりわけ問題なのは「安全確保等に影響し得る情報」は防衛庁の公表または同意がなければ報道できないことである。しかも、その制約は現地の記者を縛るだけでなく、記者が所属するメディアそのものに及ぶのである。

「安全確保等に影響し得る情報」として例示されている事項は、部隊勢力の減耗状況、部隊の人的被害の正確な数、将来部隊活動が予定されている地域の位置、将来の部隊活動の計画・予定に対する攻撃・妨害を容易にし得る情報、本人を特定できる隊員・家族の個人情報（肖像を含む）、隊員の安否に関わる情報、地元の宗教・社会・文化の観点から特に反感を持たれるおそれのある隊員の日常の行動――など細かく網羅的だ。

これで何が報道できるのだろう。自衛隊側が提供したり報道を認めたニュースしか報道できない。せっかく現地まで出かけても、記者やカメラマンが国民に伝えられるのは、せいぜい部族長や子どもたちとにこやかに握手する司令官のパフォーマンスぐらいだろう。派兵された隊員たちの生身の人間像はおろか自衛隊の軍隊ぶりも日本国民には十分伝わらない。まして人身被害の情報はメディアが防衛庁の先を越して報道できない仕組みになっている。おそらく報道されるのは政府、防衛庁が情報の受け手にしっかり工作をしてからになるだろう。

報道側は「政府の説明責任」「表現・報道の自由の尊重」の確認を迫ったが防衛庁側が拒み、結局、報道側が基本原則として申し合わせ、防衛庁との確認事項の冒頭に「申し合わせの趣旨にのっとって」の文言を盛り込むにとどまった。

イラク戦争の際、米国防総省は記者やカメラマンが部隊に同行して兵士とともに起居するエンベッド取材を認めた。基本原則を決めるにあたって米軍は数百人のメディア関係者の意見を聞き、「基本原則は戦場にアクセスする権利を保障するものであり、否定的な情報の公表を防ぐためのものではない」とする理念を掲げた。軍の安全や作戦の遂行を妨げるおそれのある事項は一時報道を控えることも含まれていたが「報道側が吟味して納得した場合に限る」としていた。イギリスBBC放送の戦争報道ガイドラインでもあくまでも判断権は報道側にあることを強調している。

イラク自衛隊の取材ルールは自衛隊が独自に用意し、それに新聞協会と民放連が注文を付け修正して作り上げられた。骨格は自衛隊が決めたといっていい。これではイラクにおける自衛隊の真実が日本国民に十分伝わることは期待できない。

前出の『イラク』で進む情報統制』によれば、石破長官は幕僚長会見廃止の理由を記者会見で「国民が混乱しないよう、情報は精査しながら伝えることが極めて重要だ」と述べたという。国民に開示する前に、情報を検討し、知らせる情報と知らせない情報を選別しようというのだ。

定期的にめぐってくる定例会見ではその操作をしている余裕がない。「なにかあれば臨時会見で」ということにしておけば、時間稼ぎをしてじっくり情報を選んだり化粧したりできる。嘘をつくため関係者が口裏を合わせることもでき、幕僚長会見廃止のいきさつのように嘘がばれる失態を防ぐこともできる。

まさに、かつての「大本営発表」への逆戻りである。小泉首相が〝米大統領ブッシュの忠犬〟なら、自衛隊員の前では指揮官として胸を張る石破長官も〝小泉、福田の忠犬〟である。軍事知識に詳しい長官として自衛隊に君臨しているが、官邸の意向には忠実だ。

(3)　国民の目を真実からそらす

このように考えてくると、首相らの情報管制はイラクで自衛隊員などが犠牲になった時をにらんだものであることは間違いあるまい。米国の占領に反感を抱く勢力によるテロはイラク各地でますます激しくなり、米軍による掃討作戦で死傷者が激増している。日本政府はサマーワは治安が安定しているとして自衛隊を送り込んだが、二〇〇三年一一月にイラクで大使館員が狙撃、殺害された例を持ち出すまでもなくイラク全土に安全な地域などあり得ない。二月以降、自衛隊の宿営地を狙ったとみられる砲撃が相次ぎ、四月には武装勢力がフリージャーナリストなど民間邦人三人を人質にして、自衛隊の撤退を要求した。日本人だけが無傷ですむと考えるのが楽観的すぎることは政府関係者も分かっている。

もし、自衛隊が攻撃されたり何らかのトラブルで隊員に犠牲者が出れば、国内で派兵批判の世論が高まり政府の責任が問われることは必至だ。不幸な事態が起きた場合に詳細な真実が国民に伝わらないようにし、脚色した情報で派兵の大義を強調して批判、責任追及をかわさなければならない。反対に、自衛隊の武力行使で地元住民を死傷した場合もこれは同様である。

それには真実を追求し、報道するマスメディアが障害になるのである。

おそらく政府は大使館員殺害事件と同じように美談を大々的に広報することで政府にとって具合の悪い情報を隠し、「国際貢献の尊い犠牲」とキャンペーンを繰り広げることだろう。加害者側になれば「テロを防ぐためにやむを得ない措置だった」として、もし自衛隊側に過失があっても隠蔽するに違いない。

幕僚長の定例会見廃止やさまざまな取材、報道管制、加えて現地情報の取材・報道の制限は、重大事が起きた際の情報操作に備えた態勢整備とみれば分かりやすい。

しかし、それだけだろうか。根元的には小泉内閣の体質、思想の反映という面を見落としてはならない。情報統制には内閣の本質に根ざした、さらに遠大な思惑が込められているはずだ。

そもそも、小泉首相らの頭には国民による政治、軍事のコントロールという観念はさらさらないように見える。国会での議員の質問、首相官邸や国会議事堂での記者の質問に対する首相の答えは問題のすり替えやはぐらかしが多く、苦しくなると「常識で判断せよ」「私に分かるわけがない」と開き直ったりする。福田長官は記者会見で記者を見下し小馬鹿にした態度を隠そうともしなかった。答弁拒否は日常茶飯事だ。二人とも、議員、記者の背後にいる何百万、何千万の国民を無視しきっている。

兵器マニア、防衛問題専門家といわれる石破長官の表面上は丁寧な説明に聞こえる答弁も、一点をにらみながら無表情で決められた台詞を繰り返すだけの空疎なものである。国民に理解してもらうために誠心誠意説明するという態度は感じ取れない。

小泉首相は、歴代内閣が憲法の建前から「軍」と呼ぶのをはばかってきた自衛隊を公然と「軍隊」と呼び、アジア各国の反発にもかかわらず靖国神社に参拝し、「A級戦犯が合祀されていることにも違和感はない」と言い切った。これで分かる通り旧軍に対しても違和感もないのだろう。

そうした人たちの構成する内閣がどのような政治を進めているか確認すれば、情報コントロールの怖さは一段と際だって理解できる。米国の要求に応じてのイラク派兵はそのうちの一つに過ぎない。国民の人権や報道の自由を制約する有事法制の整備、自衛隊に出入りする民間人にまで守秘義務を課し、報道関係者も対象にした秘密の探知・漏洩罪を強化する自衛隊法の改定、はては憲法改定の自民党案取りまとめ指示など、着々と軍事体制を固めている。自衛隊法の改定内容は、かつて世論の厳しい批判を浴びて廃案になった国家機密法案とそっくりである。

イラクで万一の事態が起きても、情報操作で国民の目を真相からそらして情緒的な反応を引き出せば、責任回避ばかりか、憲法を改定し自衛隊を軍隊として正式に認知させる大義名分を得られるだろう。そこまでにらんだ深謀遠慮と見るのが自然だ。

だからこそマスメディアは自衛隊から目を離してはいけない。自衛隊の行動に肉薄して逐一国民に伝えなければならない。

むろんメディアといえども国の安全を脅かしたり自衛隊員を危険にさらす自由はない。一定の自制は当然だが、自制とはすなわち事前報道の抑制ではない。まして情報統制の口実にしばしば使われる「国益」なる言葉はあいまいで、権力者の利益と同義のことが多い。固定観念にとらわれず、既成事実がつくられる前に、いま起きていること、起きようとしていることを、原則としてできるだけ詳細に国民に伝えて判断を仰ぐことがメディアの大事な使命である。

(4)　歴史を振り返って学ぶ

一九六一年、ケネディ米大統領は生まれて間もないキューバのカストロ政権打倒を企てた。米軍はビッグス湾からのキューバ上陸を計画し、ＣＩＡが数千の亡命キューバ人に軍事訓練を施していた。計画を察知したニューヨークタイムズの記者は記事を用意したが、発行人に対するケネディの電話による圧力でスクープは葬り去られた。「国家安全保障の観点」「報道はアメリカ人の血を流させることになる」というのが理由だった。

しかし、米政府の計画をカストロは正確に把握していた。「知らないのはアメリカ国民だけだった」といわれるほどだった。当然、侵攻は大失敗に終わる。後にケネディはニューヨークタイムズとの極秘の会談で、「あの時点で新聞がビッグズ湾戦略についての記事を出していたら、政府は大きな失敗を免れていただろう」と告白したという。ニューヨークタイムズの特ダネが世に出ていれば問題の軍事行動は妨げられていただろうということである。

ニューヨークタイムズは報道を中止し、沈黙を守ることによってケネディの独断専行による危険な作戦を事実上、支持した。その決定は国の安全保障、いわゆる国益（仮にその言葉を使うとしても）にかなうものではなかった。報道することこそが国益にかなったのである。

わざわざ外国の例をひくまでもない。日本の歴史を振り返れば、「あの時、メディアが正確に情報を流していれば……」という場面はいくらでもある。例えば……。日本とアジアの人々をあの悲惨な長い戦争の時代に追い込んだ一九三一年の満州事変のはじめのきっかけは、満州鉄道の線路が爆破された柳条湖事件だった。関東軍の自作自演による謀略だったことはいまでは昭和史の常識だが、当時の日本人は「中国側の破壊活動」という軍の発表を信じるしかなかった。軍は憤激する世論を追い風にして満州全土に報復攻撃を拡大していったのである。

立花隆氏は、「イラク派兵の大義を問う」（『月刊現代』二〇〇四年三月号）で世論が軍を支持した背景として、相次いだ中国人による日本人の殺害と、それにより日本人の間に充満していた怒りを指摘し重視している。しかし、そこでも情報は操作されていたり誤っていたりしたのである。

満州事変の一カ月前、北満の村で日本人将校二人が中国人に捕らえられ殺された事件では、軍は、原因である二人のスパイ行為を隠蔽したうえ、報復の機をうかがって事件発生自体を一カ月近く伏せていた。同じ頃、満州に入植していた朝鮮人（当時は日本帝国の臣民だった）農民と中国農民が対立衝突し殺害されたという報道で、日本中に中国への憤怒が広がった。そこへ柳条湖事件で火が付いたのだが、「衝突、殺害」は誤報だった。

立花氏はこれらの実例を下敷きに「異境の地で起こる不測の事態の同胞の死は、とんでもない結果をもたらし得る」と書いている。同氏の指摘を待つまでもなく日本人はエモーショナルな民族である。家族はもちろん、親しい友人、知人の死に遭うと深く悲しみ、原因をもたらした側に激しい怒りをぶっつける。異国で同胞が非業の死を遂げたりすると、同胞愛が急速に高まりナショナリズムに火が付きやすい。

日本人のもう一つの特性は「理念、建前に関するルーズさ」である。解釈改憲で世界有数の軍事力を持つ自衛隊を既成事実化したことだけでも明らかな通り「そうはいっても現実が……」「建前はそうだけど……」という掛け声の前に原則論者は沈黙させられる。

自衛隊員がイラクで犠牲になった場合、小泉首相は「尊い国際貢献の犠牲を無駄にしてはならない」「憲法にいう『国際社会において名誉ある地位を占める』ためにここでひるんではならない」などと声高に叫ぶだろう。もちろん政府にとって不都合な情報は隠され、あるいは脚色される。日本国内では、それによってエモーショナルな反応が起き、イラク派兵の是非や小泉政治の実態を掘り下げようとせず、犠牲の直接原因に怒りをぶっつける世論が盛り上がるはずだ。自衛隊増強や憲法九条改定を考える勢力にとっては願ってもない状況ができあがる。

こうした情報操作、雰囲気づくりのためには、自由に取材し、自由に報道するマスメディアが邪魔になる。なるべく現場から遠ざけ、目を覆っておきたいのである。

だからこそ、ジャーナリストは防衛庁からもイラクの現場からも、そして内閣、国会などの政治の場からも決して目を離してはならない。どんなことが起き、何が行われ、何が行われようとしているのか、厳しく監視し、国民に報告しなければならない。報道にあたって戒めなければならないのは「客観報道」の名目で、記者が情報レポーターならぬ情報ポーターになってしまうことである。客観報道とはどっちつかずの姿勢で情報をただ右から左へ流すことではない。

かつて日本の報道人は軍を監視しチェックするどころか、意識的に、あるいは無意識のうちに軍の行動を正当化し煽り立てた。その結果が、あの悲惨な戦争である。憲法九条はそうした過去の失敗と犠牲のうえに築かれた貴重な財産である。

歴史の教訓を胸に刻み、「国民の目となり耳となって、政府、軍の暴走を止めるのはジャーナリストの使命」であることを肝に銘じていれば、小泉内閣の情報統制とどう対決すべきか、自ずから明らかになる。

資料

【イラク人道復興支援活動現地における取材に関する日本新聞協会と日本民間放送連盟の申し合わせ】

新聞協会および民放連加盟社の、標記にかかわる取材活動は、以下の基本原則の下で行われる。

1　政府の説明責任

憲法の基礎である国民主権の理念にのっとり、国政を信託した主権者である国民に対して自衛隊のイラク人道復興支援活動の状況を具体的に明らかにし、説明するという責務（説明責任）を政府は負う。

2　表現、報道の自由の尊重

憲法の認める表現の自由に属する報道の自由、報道のための取材の自由について、政府は最大限尊重する。

3　自衛隊員、報道関係者の安全確保

イラク人道復興支援活動の現地（次項において「現地」という。）で活動する自衛隊員および報道関係者の生命および安全の確保について、派遣元組織および被派遣者の自己責任の原則の下、可能な範囲で最大限配慮する。

4　自衛隊部隊の円滑な任務遂行

現地の自衛隊部隊の円滑な任務遂行に支障を与えないよう留意する。

【「イラク人道復興支援活動現地における取材に関する申し合わせ」に基づく新聞協会、民放連と防衛庁との確認事項】

新聞協会と民放連、防衛庁の3者は、「イラク人道復興支援活動現地における取材に関する申し合わせ」の趣旨にのっとって、以下の事項について合意した。

1　取材機会の設定および輸送支援

(1)　防衛庁は、イラク人道復興支援活動の現地（以下「現地」という。）および市ヶ谷において定例的にブリーフィングを行い、継続的な情報発信を行う。
(2)　防衛庁は、新聞協会、民放連加盟報道機関からの要望を踏まえて、各種インタビューや宿営地内外における現場取材の機会を設定する。
(3)　防衛庁は、現地部隊の判断により、新聞協会、民放連加盟報道機関からの現地での取材の申し込みに可能な限り応じることを原則とする。
(4)　新聞協会、民放連加盟報道機関は、状況によっては、特に個別的な要望には十分応じられないことがあり得ることを理解する。
(5)　防衛庁は、各種取材機会の具体的な日時・場所について、記者証または立入取材員証の交付を受けるとともに、現地連絡先が登録され、かつ、連絡を希望している新聞協会、民放連加盟報道機関の現地派遣要員（注）に周知する。
(6)　防衛庁は、宿営地外における現場取材の機会を提供する場合には、新聞協会、民放連加盟報道機関の立入取材員に対し、部隊の円滑な任務遂行に支障を生じない範囲において、状況の許す範囲で最適な自衛隊車両による輸送協力を実施する。
（注）　新聞協会、民放連加盟報道機関が雇用、契約、資金提供、便宜供与その他協力または支援を実施している現地に滞在する記者、カメラマン、通訳、ドライバーその他の取材活動に従事させる要員であって、フリーランスおよび外国籍の者を含む要員をいう。
＝以下略

4　監視社会の怖さ、虫の目、鳥の目で

ＩＴ時代到来の掛け声や悪化した治安情勢を利用して、公権力は市民に対する監視を強め、監視社会の足音が急速に近づいている。個人情報保護法や住民基本台帳ネットワークなど個々の問題を虫の目でチェックすることも大事だが、至る所に警察の目が光るようになった日本社会の大きな流れを鳥の目で捉えて警告を発する責任を、メディアは果たさなければならない。「公権力の監視とチェック」はジャーナリズムの最も重要な使命である。

(1)　ベールに包まれたＮシステム

二〇〇二年八月四日、二日前に横浜市で義父母ら三人を殺して逃げていた男が富山市内で逮捕された。男には縁もゆかりもない富山で、捜査員はなぜ容易に発見できたのか不思議に思っていたら、テレビが「Ｎシステムで逃走車両の富山入りが警察に把握されていた」という情報を流した。ところが、警察は公式にはこの情報を否定し、他のメディアは伝えなかった。

Ｎシステム（自動車ナンバー自動読み取り装置）とは高速道路の料金所近くや国道の主要地点

で、四角いアーチのような鉄骨に据え付けられた箱入りのカメラが、通過車両のナンバーをすべて撮影しているシステムである。設置は一九八六年に始まった。警察庁は設置場所、設置台数を公表しないが、反対する市民グループの調査では全国で少なくとも七〇〇基以上あるという。

最初にカメラの〝お手柄〟がニュースになったのは、富士写真フィルム専務を殺した暴力団組員が逮捕された一九九四年一〇月だった。殺害現場で目撃されたナンバーのクルマが東名高速道路を大阪へ向かったのが確認され、捜査に役立ったと言われる。この時も警察はすぐ否定した。警察としてはこのシステムが強力な捜査手段であればあるほど、その事実は隠しておきたい。犯人の側が警戒するからだ。検察が画像を証拠として法廷に提出することもない。裁判で撮影場所を明らかにするよう求められ、カメラの設置場所が分かってしまうからである。監視カメラは密かににらみをきかせてこそ意味があるのに存在が明らかになっては存在意義が失われる。

警察庁は警察白書の二〇〇〇年版で「重要犯罪の解決に貢献している」と捜査に利用していることをやっと認めたが、それ以上の説明はしようとしない。

問題はカメラが犯人の車両だけでなく通行するクルマを網羅的に撮影していることである。警察庁は否定しているが、車両番号だけでなく運転者も写るという人もいる。見張られているのはクルマだけではない。一人ひとりの市民が見張られているのだ。何もやましいことはない市民が、カメラの下を通ることによって、いつ、どこにいたか警察に把握されてしまう。警察側はその事実を公にしたくないのである。

そのこと自体、プライバシー保護の面で重大な問題を含んでいる。警察庁の担当者は「交番の前で警官が通行車両の車両番号をいちいち読みとって録音しているのと同じ」と強弁するが、詭弁でしかない。

さらに問題なのは、映像の運用、処理ルールが内部基準にとどまっていることだ。基準に従っているかどうかの検証も、そもそも基準が適正かどうかのチェックも、外部からは全然できない仕組みになっている。これでは特定事件の捜査にしか使われないという保証はない。公安警察の情報収集、不心得な警官による情報不正利用の懸念は消えない。警察の不祥事が続出、犯歴情報さえカネに変える警官がいるご時世では「任せて安心」とはいかないのだ。

だいいち警察にプライバシー情報が蓄積されるのは不気味であり、それだけでも市民的自由を阻害する。

しかし、新聞にもテレビにもこうした問題意識を持った報道がほとんど見られないのが実情だ。「治安維持のためにはプライバシーなど考慮の外」とでも言うのだろうか。黙秘する警察を追及しようとせず、Nシステムという隠微な監視システムによる既成事実の積み重ねを結果的に容認してしまっている。

これに比べれば東京・歌舞伎町の監視カメラは陽気なウォッチャーだ。固定式一八台、レンズが三六〇度回転する釣り鐘型三一台がエリア全体を二四時間監視し、最も人出の多い「新宿コマ劇場前」には八〇メートル先まで写せるズームレンズ付き高感度カメラも設置されている。地元の新宿署と警視庁で警官がモニターを眺めて街の様子に目を配り、犯罪が起きれば映像を分析して捜査資料にする。

運用開始の二〇〇二年二月二七日には式典が派手に報道され、その後はカメラの効果が相次いでニュースになった。一カ月もたたない三月二二日に、自分からタクシーにぶつかり、治療費名目で現金をだまし取ろうとした暴力団組員が逮捕されたのを皮切りにまるで防犯カメラの効果宣伝キャンペーンのような報道がしばらく続いた。

「偽ヴィトン摘発・防犯カメラ威力・外国人逮捕」「防犯カメラは見た・外国人ら乱闘・日本刀男逮捕」「防犯カメラで客引きを逮捕」「歌舞伎町で暴行・防犯カメラとらえる」――警視庁が積極的に情報を提供したのだろう、ふだんなら記事にならないような事件が多かった。

本文を読まなくてもこれらの見出しを読めば記事のトーンは分かる。よく言えばおおらか、はっきり言わせてもらえば無警戒、いわゆる警察べったりの報道である。

(2)　市民を無差別に監視

凶悪犯罪が多発する不夜城、歌舞伎町を監視する防犯上の意味は大きい。しかし、このカメラで犯罪とは無関係な人も撮影される点はNシステムと変わらない。一応、日本語、英語、中国語、韓国語などで「防犯カメラ作動中」などの標識があるが、カモフラージュされているようにみえるものもある。一見すると防火設備だが、奥にカメラが隠れていると思われるところが何カ所もあるのだ。場所によってはカメラに気づかず、こっそり撮影される場合もありそうだ。陽気とは表面上のこと、こちらもやはり隠微な臭いがする。それらに言及した記事はごく少数だった。

先に新宿署と警視庁で警官が「街の様子に目を配」ると書いたが、実態は「街を行く人に目を配る」のである。市民が無差別に警察に動向を観察され、記録されることもNシステムと同様だ。風俗店への出入り、女性と一緒のホテル利用、それらを警官に見られているのだ。もし撮影された人の中に警官が身元を知っている人がいたら……。これから先は書くまい。

「録画記録の使用はプライバシー保護に十分配慮した細則に基づき、記録は一週間保存した後に消去する」というのが警視庁の説明だが、外部からチェックも検証もできず、公正さが担保されない点もやはりNシステムと全く同じだ。

おまけに一時は減った歌舞伎町地域における犯罪は一年余たって再び増加に転じた。地域の事情に通じた外国人犯罪者、暴力団組員などの犯罪がカメラの死角を選んで行われるようになったからである。他方で無警戒な市民は相変わらず警察に監視されている。

社会の安全のためには憲法で保障された市民的自由も一定の譲歩をしなければならない場合がある。だが、自由と安全のバランスを正しく調整し、公権力の暴走を防ぐには権力行使が透明でなければならない。Nシステム、歌舞伎町監視カメラの運用には透明性が欠けている。権力の監視、チェックは報道機関の重要な使命なのに、そのような視点の報道はあまり見られない。

確かに、事実としては日本中が監視カメラだらけである。歌舞伎町の監視カメラは、対立組織による攻撃を警戒して暴力団が組事務所に取り付けたのが始まりだといわれる。金融機関、コンビニエンス・ストア、駅、商店街、団地……街のあちらこちらで市民は姿を記録されている。カメラは犯罪者の接近を防ぎ、犯罪摘発にそれなりの効果をあげてもいる。

だが、これらのカメラは普通はエンドレス・テープで、何も起きなければ記録が自動的に消え同じテープに次の映像が記録される。しかし警察の記録は自動消去されないし、公権力が個人のプライバシー情報を握る怖さは、民間の監視カメラによるプライバシー制約がもたらす弊害とは比較にならない。Ｎシステムの映像も将来の犯罪捜査に役立てるため長期間保存されている。

写されたくなかったらカメラのある場所に近づかないしかないが、道路、盛り場という公共空間への市民の接近は本来、自由である。それを不当に制限したり、正当な理由なしに自粛せざるを得なくするのは許されない。制約するとしても透明なルールによらなければならない。

二〇〇〇年代に入り刑法犯の急増、検挙率の低下から国民の間に広がった不安感に乗じ、警察庁は自治体や商店街などの地域社会との連携を強めるようになった。街頭監視カメラの設置も奨励しているが、明確な基準に基づいて運用されているカメラは少ない。なかには管理者の恣意的判断で映像が警察に提供されているところもある。横浜市南部の大型団地では敷地内の数カ所に設置されたカメラの映像を管理事務所でいつでも見ることができる。要請があれば映像は警察へも提供されているが、住民はカメラの設置場所や正確な台数を知らされていない。

欧州連合（ＥＵ）各国では欧州人権規約で街頭監視カメラの設置には法規制が必要と解されている。英国はこれに従い、自分の映像の開示請求権、設置場所の明示、データ保存は三一日間、などの基準を盛り込んだ法律を制定している。

日本でも、二〇〇三年秋に約五〇台のカメラを導入した鹿児島市の天文館地区の商店街では、データの保存は一週間、警察からの提供申し入れは七人の運用委員会でその是非を判断する、というルールをつくった。東京・杉並区では同じく二〇〇四年三月、全国に先駆けて条例をつくり、商店街などの監視カメラ設置に際して運用基準制定を義務づけることにした。区民意識調査で九五％が防犯効果を認めたが、三〇％が不安を訴え、七〇％が「何らかの基準が必要」と答えたからである。

しかし、これは例外であり、詰めた議論がないまま、防犯を理由にしたカメラの設置、犯罪捜査の必要性を優先させた警察による映像利用という既成事実の積み重ねが進み、警察と直結した街頭カメラさえ登場しているのである。歌舞伎町カメラの報道に先立つこと約五カ月、二〇〇一年一〇月二日の中日新聞にはこんな記事が載った。

「コンビニ店で強盗事件などが発生した際、警察署内に店内のライブ映像を送ることなどができる実験システムを、愛知県警が全国で初めて、名古屋市港区川西通の店に導入。一日、運用開始式があった。

コンビニ店を警察署と電話回線で結び、地域の安全拠点として活用する試み。事件時は店員が非常ボタンを押し、店内と店外の計三つのカメラで犯行の様子を地元の港署に生中継し、早期解決に役立てる。港署からカメラを遠隔操作することも可能という。」

(3)　コンビニが警察に直結

コンビニにも単なる店の防犯カメラではなく、警察の監視カメラが進出しているのである。記事による仕組みの説明を信じるとしても店と警察の合意によって常時監視することは可能だろうし、警察側で自由に装置を始動できるのかもしれない。このシステムが普及すれば街のあちこちにあるコンビニエンス・ストアが実質的に新たな交番に転換する日も近いだろう。

深夜も営業しているコンビニは人が集まりやすく、若者のたまり場になっているだけに、警察がここからカメラを通じて入手する情報の価値は大きい。半面、単に店に出入りして買い物するだけの市民も動静を警察に察知されることになる。

固有名詞を知られていなければ録画だけで個人識別は不可能だとしても、顔貌識別システムと組み合わせれば人物特定は容易だ。日本でも一部の空港ではすでにこのシステムが導入され稼働中との情報もある。そこまでいかなくても、司法審査を経た令状もなく個人の肖像を本人に無断で警察が撮影し、その情報を蓄積することはプライバシーの侵害になる。

監視の目は海外旅行客にも向けられている。二〇〇二年八月二七日、警察庁、法務省入国管理局、財務省関税局は「事前旅客情報照合システム」を二〇〇四年度から共同運用すると発表した。三省庁が個別に持っている「国際手配の外国人、日本の指名手配者」「国外退去処分を受けた外国人」「過去に麻薬密輸などで摘発された人物」などの情報を共通のコンピュータに覚えさせ、各航空会社から提供を受けた旅客名簿と自動照合して犯罪容疑者などを日本入国前に水際で発見することが目的だ。

これまでは航空会社が旅客の氏名だけ警察庁などに事実上、教えていたが、今度は性別、生年月日、国籍、旅券番号などもコンピュータに入力される。当然、航空機の出発地から本人の行動はある程度、推測できる。ここでも犯罪者等の摘発という大義名分が強調されているが、日本に入国しようとすればコンピュータで丸裸にされるわけだ。日本人は渡航先を警察に把握されることになる。

出入国管理の面では人の移動について一定の情報を入管という〝官〟に知られることはやむを得ないにしても、完全に人物を特定でき、その人の行動も分かるデータが、警察も関与するコンピュータに蓄積されるとなると、同じ「情報を官が知る」でも、その質は変わり、市民監視色が強くなる。ここでも運用の公正性、運用ルールの透明性は確保されなければならないのに、このニュースを報じる記事の中で問題点をきちんと指摘した新聞は、在京紙の中では毎日新聞だけだった。

住民基本台帳ネットワーク・システムはこのような流れの延長線上で稼動開始したのである。降ってわいたように生まれたシステムではなく、政府が電子政府の基盤として周到に用意してきたものだ。

住基ネットは、全国の市町村が管理する住民基本台帳の情報を都道府県と、総務省の外郭団体である財団法人地方自治情報センターとを結ぶコンピュータ・ネットワークで共有し、それを国民全員に付けた住民票コードと呼ばれる一一桁のナンバーをマスターキーとして引き出すシステムである。ネットワークでは住民票コードのほかに氏名、住所、生年月日、性別の基本四情報、およびそれらの変更履歴も共有される。

コンピューターでつながるので、居住地の役所へ行かなくても、全国どこからでも住民票を取ることができる。これらの情報は身元確認のために使われるので、住民票コードさえ分かれば、それを利用して本人確認が可能で、さまざまな行政手続きの際、住民票を添付する必要がなくなる。総務省が「住民の利便のためのシステムだ」と強弁する理由はここにある。

(4)　悪用が怖い住基ネット

このシステムの危険性をいまさらここでくどくど述べる必要はあるまい。一言で言えば、住民票コードというマスターキーで情報にアクセスできるということは、悪用すれば他人の情報を容易に入手できるということである。

当面、コード利用は雇用保険の給付事務など居住確認が必要な九三事務に限定されたが、政府は旅券の発給や年金支給など二六四事務に拡大するための法案をネットの稼動開始前から国会に出した。将来、利用範囲がなし崩しにさらに拡大され、住民票コードが国民一人ひとりの背番号となって、それぞれの国民に関するあらゆる情報が国家機関に集中的に管理され、必要に応じて引き出される監視社会になることは目に見えている。

住基ネットについては稼動を前に批判的報道が噴出したが、監視カメラも旅客情報照合システムも住基ネットと並ぶ国民監視網の一環である。報道ではメディア規制ばかりが強調された個人情報保護法も、基本構造は民間における個人情報の流通を官庁が管理、監督しようとするものであり、これも一種の監視システムといえる。住基ネットの展開と事実上の国民背番号制の実現は、こうした国民監視網整備の最終段階といっていい。

この監視網整備に小泉内閣の政治姿勢を重ね合わせると懸念は一層募る。例えば、二〇〇一年一〇月に突如として浮上した自衛隊法改定案は、防衛秘密という概念を新設して秘密探知・漏洩罪を防衛庁職員や自衛隊員だけでなく民間の委託業者にも適用するうえ罰則を五倍に強化、さらに漏洩教唆罪も懲役一年から三年に引き上げるものだった。

まさに国民の目と耳をふさごうとする改正案であり、後に明るみに出た情報公開請求者の身元調べリスト作成を暗示するかのよう内容だったが、メディアはさしたる抵抗もできないまま、たった二カ月足らずの国会審議での成立を許してしまった。

二〇〇三年秋の臨時国会の焦点だった有事法制案は、国民を守る法制の整備を後回しにして国民の自由や権利を制限する法案を先行させて成立した。メディアを「指定公共機関」として有事対応の体制に巻き込み、政府の手足として使うことも狙っている。

〝変人〟の宣伝でタカ派イメージをぼかしてはいるものの、小泉政権の本質が市民的自由より国権を重視する復古調であることは明らかだ。しかし、与党幹部とのパイプの太さを誇示する人物が支配する大新聞、真理の探究よりも他紙との違いを打ち出すことに営業政策上の意義を見出しているかのような、いわゆる〝営業保守〟の新聞の存在によってメディアの足並みは乱れ、公権力の暴走を止める使命を果たせないでいる。

(5)　〝赤紙〟の陰に国民監視システム

英国の作家、ジョージ・オーウェルが一九四九年に発表した逆ユートピア小説「一九八四年」で描いたような、超管理社会の忌まわしさが現実感を持って私たちの胸に迫ってくるが、考えてみると、日本人はコンピュータなどなかった時代にすでに管理社会を経験していた。

明治維新以後、急速に近代化し植民地争奪戦に参加した日本では、男たちがほとんど根こそぎ戦場に駆り出された。これは徴兵可能年齢になった男に対して自動的に召集令状が送られたように思っている人が多いが、実際は違った。市町村の兵事事務担当者は徴兵可能な年齢範囲の男のことを洗いざらい調べ上げてリストを作っていたのだ。

生年月日、本籍、届け出住所、居所、職業、家族構成はもちろん、宗教、健康状態、疾病の履歴、性格、近所の評判などまで把握し、軍の要求に合致する特定の人物に赤紙を出すこともしていた。内容は地域、事務担当者の違いによって精粗があったが、このデータのお陰で二度、三度と入営させられた気の毒な人もいる。

コンピュータ時代の今日、兵事係が担った業務は極めて容易に遂行できる。もっと詳細な関連情報をもっと速く収集できる。小泉内閣では徴兵制合憲を主張する人物が防衛庁長官を務め、憲法九条撤廃論者の念願だった海外派兵もイラクの復興支援を口実に強行した。住基ネットへの警戒を一層強め、各種の監視網に批判的に対応する必要性はますます強まっている。

杞憂、思い過ごしと言う人もいるだろう。しかし、監視され続け、呪縛に慣れてしまうと、人は抵抗する意欲も力も失い、公権力のいうがままになる。伏せたコップの中に閉じこめられたノミが、何度も天井にぶつかっているうちに跳ねなくなるように、恫喝、抑圧が続くと反発しなくなる。

自分の発言を間違って伝えた共同通信の誤報に関して「またやったら社団法人の認可を取り消す」と発言した石原慎太郎・東京都知事に対して、記者たちがアクションを起こさなかったのは、恫喝に慣れきってしまったからではないのか。発言は二〇〇二年八月三〇日の正式記者会見で出た。都庁のホームページで確認すると、冗談めかしたものではなく、極めてまじめな口調だったことが分かる。

誤報を理由に法人認可を取り消す権限などは都知事にないが、公人の発言としては無視すべきではない。しかし、一部の新聞が小さな記事で発言を報じただけで批判したメディアはなかった。会見の席で追及した記者もいない。公権力を握る人間が公然とメディアを脅した事実を見逃したのは、権力と対峙すべき報道機関としての見識が問われる。

普段から歯に衣着せぬ物言いの石原知事だけに、記者たちが問題発言に慣れっこになっていることは確かだが、石原氏は地方自治体の首長ながら首相待望論も出ている有力政治家であり、この国に吹いている風に乗って走るヨットの艇長といった趣がある。「大して意味のない放言」と軽視しているうちに、放言が独り歩きし既成事実として大きな効果をもたらしかねない。小さな芽が出るたびに摘み取っておかなければならないのである。

個人情報保護法、人権擁護法案によるメディア規制の画策に対する抵抗、住基ネットへの厳しい批判などでは個々的には成果をあげた報道が少なくない。それ自体は評価できるとしても、さまざまな政府機関が繰り出す施策、政治家の発言は一見無関係でバラバラのように見えて、実は互いに有機的に関連し、この国のあり方として同じ方向を目指していることが多いのである。

二〇〇三年後半には警察庁の治安悪化キャンペーンに乗せられ、警察官の増員や地域社会と警察との連携強化の必要性を強調する新聞社説が目立った。しかし、〝街ぐるみ警察〟の怖さは戦争中の隣組制度を振り返れば明らかである。隣人同士が監視し合う息苦しい社会となり、言論・表現の自由をはじめとして国民の基本的人権は無視されて、国策なるものに反する言動は封殺された。メディアも国民も軍の暴走を押さえることができず、あの悲惨な結末を迎えた。

歴史の教訓を忘れると、「国民のため」という言葉に騙されたり、治安や安全、便利さに目を奪われて、それによって失われるものの大きさを見逃してしまう。最も治安が保たれ、効率のよい社会体制は全体主義だが、それが国民にとって不幸であることは歴史が示している。民主主義とは本来、効率が悪い政治制度なのである。

長引く不況で日本社会は閉塞感に支配されている。治安への不安もある。そんな情況下では、治安機関が権限を拡張しやすく、小泉、石原流のドグマティックな政治家が大衆から人気を得やすい。ナチスのヒットラーがその典型例である。それだけに全体の連関や事柄の本質を見抜き、警鐘を鳴らすのはメディアの責任だ。虫の目で部分部分を見つめるだけでなく、日本社会の大きな流れを鳥の目で捉えて監視社会再来の警告を発し続けなければならない。

5　マスメディアと図書館の使命

一九九〇年代の後半から図書館や出版物流通過程で起きている、出版物の閲覧停止や販売停止は共通の問題点を含んでいる。それは人権尊重の名の下に表現の自由や国民の知る権利を軽視する「事なかれ主義」である。その一部にはマスコミ関係者も浅薄な人権論を掲げて荷担している。出版物の自由な流通、図書館における自由な閲覧は、言論・表現の自由を支える大事な基盤だが、その重要性は無視され、表現の自由は足下から脅かされている。公権力による直接的な検閲、出版差し止めのように露骨な表現介入ではないため、多くの国民が危険性に気づかないのが現状だ。ここでは憲法原理にこだわりながらマスメディアの表現の自由と出版流通の自由や図書館の使命を考えたい（注1）。

(1)　マスメディアと表現の自由

「本書籍中、『××事件の真犯人は同事件の元被告人らである』との記載部分についてはその抹消を命じる。〇〇地方裁判所◎◎支部」――表紙の裏にこんなゴム印を押した書籍が一九八〇年、長野県のある出版社から出版された。内容は戦後間もなく同県で起きた公安事件について記したもので、裁判で無罪が確定した元被告たちを真犯人呼ばわりする記述が一部にあった。関係者による出版差し止めの仮処分申請を受け、裁判官が出した結論が冒頭の文面の「ゴム印を押さない限り出版してはならない」という決定だった。

一部に名誉毀損の記述はあるが、他の部分は問題ない本の出版そのものを禁止するのは表現の自由の見地から正しくない。裁判官は悩んだ末にそう判断したのである。表現の自由を重く考えた結果だった。

それから一八年、『文藝春秋』一九九八年三月号に神戸で起きた連続児童殺傷事件の少年Aの検察官調書が掲載されると、最高裁家庭局長は法的根拠も示さず口頭で発売中止を文藝春秋社に要求した。駅売店キヨスクに雑誌を卸す会社による取り扱い拒否、そのことによる駅頭での販売停止、一部図書館での閲覧停止にまで発展し、新聞の社説は東京新聞、中日新聞グループなど一部を除いて文春批判で筆をそろえた。

確かに文春の報道の仕方には問題があった。特に伝聞証拠の供述調書で事件の全貌が分かったような報道は明らかに誤りである。しかし、文春側の報道の自由、調書を報道することの意義について深い議論は行われなかった。

週刊誌、写真週刊誌が少年の顔写真、精神鑑定書の一部などを報道したときも販売停止や閲覧停止が起きた（注2）。マスコミから売店、書店、図書館に「売るんですか」「閲覧させるんですか」などの問い合わせが殺到した。なかには詰問調の取材もあったという。取材に動揺した書店や図書館などの関係者が、売ったり閲覧させたりして「人権無視」と批判されることを恐れたであろうことは容易に推察できる。しかし、販売、閲覧を差し止めた書店、図書館などの関係者は本当に人権を重視したのだろうか。

『文藝春秋』の場合と同じように、週刊誌による顔写真や鑑定書の報道にも大きな疑問があった。事件関係者の名誉、プライバシーを侵害し、少年の更生、成長が妨げられる恐れがあったからである。半面、報道、出版する側には表現の自由がある。読者には知る権利がある。販売、閲覧停止をした人々、関係者、書店などに圧力めいた取材をした記者がこれらのバランスを慎重に考えたとは思えない。「人権」という錦の御旗の前に思考停止に陥ったのではないか。

文春を批判した社説は、報道・出版倫理、少年法の理念は強調しても表現の自由の憲法上の優越的地位や知る権利との関係をきちんと論証したものはほとんどなかった。新聞記者は自らの活動が表現の自由の保障の上に成り立っているにもかかわらず、他人の表現の自由については鈍感である。新聞記者に「売るんですか」と問われると、売らない方が無難と考えるだろうとは気づかない。あるいは、取材が圧力になると知りながら、その圧力が正義にかなうと考えた記者だっているだろう。

大きな問題に直面したときは原則に戻って考えることが大切である。だが、日本社会は自立した個人ばかりで成り立っているわけではない。未経験の場面に直面すると、とかく大勢に流されやすい。その大勢は、多くの場合、情緒に流されている。目の前の具体的事象に目を奪われ、大きな理念の世界には思いが及ばない。マスコミ人の多くもその例に漏れない。一部の図書館関係者も同じ弊に陥っていないだろうか。

(2)「報道の自由」と「図書館の自由」

日本国憲法二一条は表現の自由を保障している。表現の自由には報道の自由も含まれており、その報道の自由について最高裁判所は次のように判示している。

「報道機関の報道は、民主主義社会において、国民が国政に関与するにつき、重要な判断の資料を提供し、国民の『知る権利』に奉仕するものである。したがって、思想の表明の自由とならんで、事実の報道の自由は、表現の自由を規定した憲法二一条の保障のもとにあることはいうまでもない」（一九六九年一一月二六日・大法廷）

この判例では「知る権利」の対象が政治情報に限定されるかのように読めるが、たまたま訴訟が政治的事件に関するものだったからに過ぎないことを確認しておきたい。

一九七六年改訂の「図書館の自由に関する宣言」は「図書館は、基本的人権のひとつとして知る自由を持つ国民に、資料と施設を提供することを最も重要な任務とする」との前書きに続いて次のようなことを確認している。

図書館は、国民の知る自由を保障する機関として、国民のあらゆる資料要求にこたえなければならない。（第1―1）

図書館は、国民の知る自由を保障するため、すべての図書館資料は、原則として国民の自由な利用に供されるべきである。

図書館は、正当な理由がないかぎり、ある種の資料を特別扱いしたり、資料の内容に手を加えたり、書架から撤去したり、廃棄したりはしない。（第2―1）

これを読めば最高裁判例と図書館の自由宣言が同じ構造で成り立っていることが分かる。判例は報道を国民の「知る権利」に奉仕するものと位置づけ、図書館の自由宣言は図書館の最重要任務を国民の「知る自由」に応え資料と施設を提供することと規定している。

ここで言われているのは、報道機関は「知る権利に奉仕する責任」つまり「報道する責任」を、図書館は「資料を提供する責任」を負っているということである。記事や資料について特定の利害関係を有し、報道、資料提供を阻止しようとする人や団体、組織などとの関係では自由として論じられるべきだが、一般読者、利用者との関係では「報道の自由」「図書館の自由」ではなく「報道の責任（義務）」「図書館の責任（義務）」として考えるべきだと言える。報道関係者が伝える情報を好き勝手に選ぶ裁量権も、図書館関係者が図書を恣意的に提供したりしなかったりする自由も原則としてない、と考えるべきだ。

ところが、「知る権利に奉仕するための報道」という構造は、表現の自由についての考え方によっては思わぬ方向へ発展する。知る権利の対象となる情報は何かという判断しだいで、その対象から外れる情報を「報道しない責任」に逆転しかねないのである。

しかし、「知る権利」論から「報道しない責任」論を導き出すのは民主主義のためには危険だし、実はマスメディアの「報道の自由」と「図書館の自由」とは大きな異なる側面を持っている。それが次のテーマである。

(3) 目的論的自由論と本来的自由論

表現の自由には情報を発信する自由に限らず、情報を入手する自由も含まれていることは言うまでもない(注3)。そして表現の自由は憲法に定められた他の権利、とりわけ経済的権利などより優越的地位にあるとされている。

その表現の自由が憲法上、特別の保障に値する理由付けとして一部の憲法学者は①民主的政治過程を維持するため②個人の自律および人格的発展を目的とする——という両側面をあげ、後者は（a）受け手の自律および人格的発展を支えるための自由（b）送り手の自律性を根拠とする自由——に分かれる、とする。①と②（a）は社会全体の利益に着目した情報の受け手のための自由であり、全体としての受け手を念頭に置いて考えるしかないので情報の範囲はおのずから限られてくる。とりあえずこれを「社会のためになるための表現の自由」＝目的論的自由と呼ぼう。反対に②(b)は送り手のための自由であり、何が送り手の人格発展に寄与するかは個々人によってさまざまなので、仮にこれを「言いたいことを言う自由」＝本来的自由と呼ぼう。

ところで、自然人ではないマスメディアに自己の人格陶冶ということはあり得ない。したがって、メディアに認められる表現の自由は①と②（a）だけであり、言いたいことを言う自由はない、ということになる。この立場に立つと、メディアの自由は社会全体の利益のために認められたものであり、政策的に自由の制限が必要とされたり、より重要な社会的利益がある場合には覆されるべき自由となる(注4)。メディアの表現の自由には自然人のそれと比べて制約があり、自然人の表現の自由のような優越的地位には必ずしもないとされる。つまりマスメディアは「社会のためになる」あるいは「受け手のためになる」情報しか発信する自由＝目的論的自由しかないことになる。

マスメディアには本来的自由がないとすれば、報道の自由を主張できる範囲は限定され、それから外れた情報は報道が抑止される。前に「知る権利」の対象となる情報は何かという規定の仕方しだいではその対象から外れる情報を「報道しない責任」に逆転しかねない、と書いたのはこのことである。

しかし、何が社会あるいは受け手のためになるかは判断が難しい。判断者、時代的背景など与えられた条件によって違ってくる。意見の対立が生じたとき権力の介入を招きやすくもある。さらに「社会的に価値のある情報ではない」として報道の自由を認めないことは将来の価値観転換のタネになるかもしれない少数意見を抹殺することにもなりかねない。むしろ、メディアに「言いたいことを言う」自由を認める方が民主過程に寄与し、最終的には「知る権利」に奉仕することになるのである(注5)。

「メディアに言いたいことを言う自由なし」という議論に対する疑問、反論はこのほかにもあるが、とりあえず目的論的自由に限定することが民主制にとっては危険であること、したがってメディアにも本来的自由が認められるべきであることを指摘して次に進む。

その前に付言しておくと、表現の自由には表現しない自由も含まれるが、報道の自由は知る権利に奉仕するための表現の自由であるという特殊性からみて、メディアは入手した情報を原則としてすべて発信することが正しいと思う(注6)。

それでは次にメディア、特にマスメディアはどんな情報でも報道しなければならず、また何でも好き勝手に流していいのだろうか。また「知る自由」を保障すべき図書館にも資料を「提供しない自由」や「提供しない責任」が生ずるのだろうか。それは違うと思う。

(4)　マスメディアと図書館

マスメディアには言いたいことを言う自由があるにしても、言いたい放題、書きたい放題は許されるのかといえば、そんなことはない。だれかの権利を不当に傷つけたり社会に深刻な混乱をもたらす、明白で現実的な危険があるなどの有害情報は除外しなければならない。それに入手した情報を原則としてすべて送り出すのが正しいと言っても、紙・誌面、放送時間には限りがあるのだから現実には無理である。情報の取捨選択は避けられない。

ただし、その場合の選択基準として「ためになるかどうか」を第一の基準にすべきではないということである。有害情報をすべて除いても、まだ紙面スペースに比べて情報量が多すぎる場合には「ためになるかどうか」も選択基準にせざるを得ないだろうが、一般的には有益性の認められない情報でもメディアが伝える自由を否定すべきではない。無益と思われる情報でも有害と見られない限り報道する自由を認めなければならない。まして、一般的には無益と判断されるような情報でも、有害ではない限り「報道しない責務」を負わせてはならない。その場合、有害性の判断が客観的なものでなければならないのは当然である(注7)。

誤解のないようにことわっておくが、これまで述べてきたことは法律論であって、報道モラルの問題は別であることは言うまでもない。

さて、図書館についても同じような議論があり得るのだろうか。目的論的自由論と本来的自由論に分けて考えたとき、資料を「提供してはいけない責務」論が生じる余地があるのだろうか。結論を先に言えば原則としてはノーである。

図書館は、図書購入予算、利用者の傾向、展示スペース、書庫の容量など各種の条件による制約を受けながらも収集する資料を選択する自由を有している。その意味では、「表現の自由」の享受者のように見えるが、その自由は個人の表現の自由とは別次元のものである。

図書館の実質は資料利用者の表現の自由に奉仕するための、情報の中継機関であって、固有の表現者ではない。ここでの表現の自由の主体はあくまでも利用者、資料の作成者である。

冒頭に「最高裁判例と図書館の自由宣言は同一構造」と書いたが、図書館の自由は「図書館の表現の自由」という範疇で考えるべきではない。したがって、表現の自由を根拠に図書館が一定の資料の提供や利用、換言すれば情報発信を拒否したり、制約したりすることはできない。利用制限は自由宣言の第2—1の（1）ないし（3）に従って、人権侵害資料、わいせつとの判決が確定した資料、寄贈者などが公開を拒否した未公刊資料に限るべきだろう。

人権侵害との認定も管理者などの自由な判断に任されるべきではなく、図書館の自由委員会が一九九八年二月に示した①頒布差し止めの司法判断②そのことの図書館への通知③被害者からの提供制限の要望、という三条件が尊重されるべきだ。

物理的にもメディアと図書館は条件が違う。入手した資料は、普通は展示するスペースのあることを前提に入手したのだから、新聞のページ数と情報量との関係のように、情報発信を制限しなければならない物理的根拠はない(注8)であろう。

(5) 図書館と風俗警察

神戸の少年の事件に続いて週刊誌の袋とじ特集をめぐる論議が起きた。袋とじにして挟み込んだ女性の露骨なヌード写真で売り上げ増進を狙った編集が、マスコミ倫理との関係でやり玉に挙がったのである。多くは広告のキャッチフレーズも刺激的だったことから、一部の新聞では当該出版社に広告文の改変を求め、応じない場合は広告掲載を拒否した。報道によると、一部の図書館では、袋とじを外して処分し、週刊誌の本体だけを閲覧に供したり、袋とじ部分は別に保管して特に申し出があるときに限り閲覧させたりしたという。

袋とじを外すのは著作物という文化の破壊であり、資料に手を加えることを禁じた自由宣言に反するばかりか著作権侵害の批判も免れない。まして廃棄は論外である。著作物は全体として一つのものである。図書館側が許容する特定の文章や写真などだけが利用者に認知できればいいわけではない。

別に保管し申し出によって提供する方式も編集著作物の破壊である点は廃棄と変わらない。それに、希望すれば閲覧できると言っても閲覧希望者に心理的抵抗感を抱かせることは間違いない。職員の反応を気にして断念する人もいるだろう。これでは事実上の検閲であり、利用者のプライバシーを侵害することにもなる。

関係する図書館長は「性の商品化としか思えないものを、だれの目にも触れるところに置く必要はない」「袋とじは書籍本体と異なり、図書館の資料としては必要ないと判断した。問題の週刊誌には優れた記事もあり、購入を続けることでバランスをとったつもり」と説明している(注9)。

しかし、猥褻性や性に関する観念には個人差があり時代によっても変化する。図書館長が「性の商品化としか思えない」などと勝手に断定するのは危険な思い上がりである。図書館は風俗取り締まり機関でも警察でもないし、どの記事を利用者に見せるべきか、見せてはならないか選別する権限などはない。違法性が確定したわけでもないのに、いったん入手した出版物の中から特定のものだけを排除する権限はそもそも図書館にはないのである。それも図書館職員全員で討議して決めたのなら一定の（あくまでも一定の、である）合理性はあるが、管理者の一存で決めるのは、「知る自由」に応える図書館の役割から言って許されない。「優れた記事もある」との判定も、反対に「優れていない記事」の存在を前提にしているのだから越権である。優れた記事かどうか、必要な情報か否かを決めるのは図書館長ではなく利用者、読者である。

一般論として、わいせつな袋とじ出版物は好ましくないとは言える。電車の車内吊り広告のようにだれの目にも触れるような展示をして、猥褻写真を見たくない人の目に否応なしに触れるようにするのは、セクハラとも言えるので避けるべきだし、青少年に対する配慮も必要だ。ただ、出版物は社会の実相の反映であり、社会のあり方を正すのは図書館ではなく国民一般である。図書館にできるのは展示、閲覧方法の配慮までであって、いったん入手した合法な表現物の存在価値を頭から否定して廃棄するのは現代の焚書坑儒と言われても仕方あるまい。

(6) 人権尊重と事なかれ主義

出版物流通業者による販売拒否、図書館による閲覧拒否は、実質的には表現に対する介入であるにもかかわらず、警察その他の公権力による介入のように露骨な〝弾圧イメージ〟がないだけに、国民に「表現の自由の侵害」と意識されることは少ない。むしろ「人権侵害をするメディアの排除」として一定の共感を持って受け止められることの方が多い。

しかし、そのことが結果として表現・報道の萎縮をもたらし、国民の知る権利の保障を阻んでいるだけでなく、われわれの社会の文化の多様性を失わせていることにもっと目を向けなければならない。

「性の商品化」を憂えて袋とじを外した図書館の管理者は「女性の尊厳を守る」という人権思想を体現したつもりかもしれない。それ自体は大事なことだが、対立する他の人権、利益とのバランスをどれだけ考えただろうか。女性の尊厳を守る手段が他にないかも検討しただろうか。少年Aの調書を報道した『文藝春秋』の販売停止などの騒動の際も、少年の人権が云々されたが、具体的にどのような人権が侵害され、逆に販売停止によって何が失われ何が得られたのか――という詰めた議論は行われなかった。

民主社会の基盤である言論・表現の自由は、出版物の流通の自由、閲覧の自由が確立していなければ実質的に保障されない。メディアは時代を映す鏡であり、氾濫する情報の中から何を切り取って伝えるかは、善きにつけ悪しきにつけ、その時代の文化状況を反映している。安易な「事なかれ主義」による販売停止や閲覧停止・制限などは、情報、文化を伝達、保存する出版流通機関、図書館の使命に反し、民主主義を根底から揺るがしかねない。

販売、閲覧の停止は普段なら普通に行っている特定の出版物の販売、閲覧のための提供を、掲載記事の内容によって制限することである。明らかに表現の内容規制であり、表現への介入である。実態としては検閲と言える。これは情報内容に関する流通業者、図書館側の判断を読者となるべき国民に押しつけるもので、読者の知る権利、判断権を侵害する。情報内容が唯一の選択基準である点で、メディアが行う「報道のための情報選択」とは明らかに質が異なる。

言論・表現の自由は表現する自由だけでなく、表現に接する自由も含まれる。この自由は形式的に保障されるだけでは意味がない。直接、声が届く範囲で皆が暮らしていた原始共同体社会とは違って、活字媒体が意思疎通手段の主流である現代社会では、出版流通の自由、出版物に接する自由がないと実質的には表現の自由がないも同然である。

厳密に言えば、表現の自由の問題は憲法論としては公的機関と国民との関係の問題であり、私企業と一般国民の間の問題ではない。だが、表現の自由の保障は「憲法的理念」として私人間でも尊重されなければならない。まして、零細な書店の経営者が主体的な判断をするのはともかくとして、キヨスクのような市場を支配し流通状況に大きな影響力を持つ業者が、表現内容を理由に特定出版物を一斉に市場から締め出すのは、商行為の自由の許容範囲を越えた、表現に対する不当な介入であり実質的な検閲にあたる。

公共図書館が情報の内容を理由に、特定の情報の発信、その情報へのアクセスを妨げることは、さらに検閲色が強まる。図書の破棄、形態変更に至っては著作権侵害であるばかりか、文化の破壊であることは前述した通りである。

図書館やキヨスクは公共の広場と同じである。広場ではだれでも自由に演説ができ、聞く意思のあるだれもがその演説を聞けるように、図書館、キヨスクも、情報発信の場として、また逆に情報入手の場としてだれもが自由に利用できなければならない。

販売停止や閲覧制限は事なかれ主義が招いたとしか思えない。そこでは「人権」というキーワードが一人歩きし、水戸黄門の印籠のような威力を発揮している。黄門に心服などしていないが、とりあえずやっかいな事態から逃れるために平伏する代官のように、人々は「人権」という印籠の前に頭を下げているだけに見える。

これでは真の人権尊重とは言えない。翌週にはまた悪代官が登場するテレビドラマのように状況はいっこうに改善されない。

人権侵害と言っても、多くの場合は人権と人権との衝突である。その出版物によってどんな権利が侵害されているのか、販売を停止したり閲覧を制限することによって、また広告の文面を変えることによって、何が守られ、何が失われるのか——具体的な議論が必要だ(注10)。マスメディアと図書館の関係者には、情緒的な声に安易に反応して週刊誌たたきに走ったり閲覧制限をするのではなく、むしろその週刊誌を素材に社会のありようと出版文化に関する議論を巻き起こすことが求められる。

(注1)　本稿については、拙著「公共の広場としての図書館」＝『客観報道の裏側』(現代書館)所収＝も参照されたい。

(注2)　これらの事件については、飯室勝彦、田島泰彦、渡辺眞治『新版　報道される側の人権』(明石書店)、田島泰彦、新倉修『少年事件報道と法』(日本評論社)

(注3)　世界人権宣言第一九条　すべて人は、意見および表現の自由に対する権利を有する。この権利は、干渉を受けることなく自己の意見を持つ自由並びにあらゆる手段により、また、国境を越えると否とにかかわりなく、情報および思想を求め、受け、および伝える自由を含む。

(注4)　たとえば長谷部恭男『テレビの憲法理論』(弘文堂)

(注5)　(注6)(注7)　拙著「情報の最終判断者は読者」＝『客観報道の裏側』(現代書館)所収

（注8）　前掲「公共の広場としての図書館」
（注9）　一九九九年一〇月二〇日読売新聞夕刊
（注10）　拙著「印籠としての人権」＝前掲『新版　報道される側の人権』

Ⅱ　報道の自由と名誉・プライバシー

1　報道の自由と名誉・プライバシーとの調整

(1)　はじめに

メディアが読者、視聴者に正確な情報を伝えようとすれば、報道内容をめぐって個人の名誉権やプライバシー権と衝突し、両者の調整を迫られる場面が少なくない。その場合に、報道の使命と報道される側の立場のどちらに軸足をおいて判断するか、あるいは自らの専門家意識を優先させて高みから物事を考えるか、一般の読者、視聴者の目の高さでものを見るか、によって結論には大きな開きが出てくる。実名か匿名か、といった問題もそうであろう。

しかし、実名か匿名かといった問題だけを切り離して二者択一式な議論をしても生産的ではない。そのような単一の問題設定は無益である。報道の営みは現場における各種の与件から遊離した観念的思考で割り切れるほど単純なものではないからだ。

報道の在り方は時、場所、場面のいわばＴＰＯとも密接に関係している。幅広く奥深い「ジャーナリズムの責任と限界」という角度から検討することによって初めて普遍的で実りある答えが出てくる。あふれるような情報の中から何を切り取ってどのように伝えるか、という意思決定もその一つであり、関係者の氏名の報道をどうするかといった問題はそのような情報選択の問題の一環である。ここではそうした問題意識をもって、報道における情報の選別基準を考えたい。

(2) 報道におけるメディアの責任

表現、報道はとかく「自由」の観点から論じられることが多く、その自由は「表現する自由」「報道する自由」という文脈で語られるのが普通である。そして「自由」には通常「しない自由」も含まれる。

しかし、メディアの表現の自由、報道の自由が第一義的には国民の知る権利に奉仕する(注1)ものであるとする見地に立つと、メディアの裁量権にはおのずから限界がある。むしろ「報道する責任」「報道の使命」というアプローチからの考察が必要になってくる。

さて、報道におけるメディアの責任を一言で説明せよと問われれば、「真実の伝達」と答えるしかない。もう少し詳しく言えば、可能な限り詳細な正しい情報を伝えることである。事件、事故その他のニュースに関係する人物の実名を報道するのは、まずもってそれが真実の一部だからである。

新聞、テレビなどの速報メディアでは、これに「できるだけ早く」という項目が付け加わる。ニュースの種類によっては情報の多様性、情報に対する視点の多角性がより強く求められることもある。

国民は日々、さまざまな判断をし、意思決定を行い、その判断、決定に基づいて行動に移している。それらが正しく行われるためには十分な情報が提供されなければならない。そのためにはメディアが報道する責任をきちんと果たさなければならない。

半面、メディアの報道の自由を「報道する責任」のような他律的、あるいは目的論的角度からのみ考えることは後に述べる通り危険である。責任の見地からアプローチする自由論は、判断基準の設定の仕方によっては大きなブレが生じる。合目的的な価値判断を伴わざるを得ないからである。

やはり、表現・報道は本来的に自由であること、国民の知る権利に奉仕するための報道の自由とともにメディア固有の自由もあることを認めなければ、報道は官報のようになり、場合によっては公権力による統治に奉仕する手段に堕しかねない。

そうは言っても自由には限界がある。何でも報道し放題とはいかない。メディアも社会的存在である以上は、一定の規律には服さなければならない。他の基本的人権との調和、社会的利益との調整が必要になる。

他人の名誉を正当な理由もなく傷つけることは許されず、関係者のプライバシーを尊重する節度も求められる。個人の権利や利益とは直接関係なくても、社会に害を与えたり社会の不安をあおるような報道は慎むべきだし、少年事件における実名報道禁止のように社会全体が特別な目的のために合意したルールは特別の理由がない限り守るべきだ(注2)。

新聞、テレビの報道基準や報道ハンドブックにはこうした考えに立ったさまざまな場合の報道原則が定めてある(注3)。たとえば原則実名で詳細、正確にとしながらも、模倣される恐れがある犯罪は手口を書かない、書類送検の被疑者は原則匿名にする、実名を出す場合でもありのままを書くと名誉毀損、プライバシー侵害になる恐れがあれば事実の一部を伏せたりぼかすなどである。日常の報道はこの基準に従って行われている。

ただし、ここでは報道ルールがすなわち法的基準ではなく、ハンドブックで定められた基準に反したからといって直ちに法的制裁に結びつくのではないことを確認しておきたい。

表現の自由は民主主義の存立基盤であり、憲法の定める基本的人権の体系の中で優越的地位を占めるものである(注4)。表現行為とプライバシーなどとの調整は、表現の自由のこのような地位を考慮しながら慎重に行わなければならないのである。

(3)　実名はプライバシーか

事件報道における実名はしばしばプライバシーの問題として論じられる。典型的な例は、事件に関係したとされる少年の実名による報道がプライバシー侵害として批判されることである。一九九八年一月、大阪府堺市でシンナー吸引で幻覚に陥った一九歳の男が、通行人三人を殺傷した事件を月刊誌が実名、顔写真付きで報じた(注5)ことを一例としてあげることができる。男の側は、出版社相手に起こした損害賠償請求訴訟でプライバシーを被害法益の一つとしてあげ、一審では勝訴した(注6)。

だが、氏名そのものがプライバシーと言えるだろうか。氏名が分かることによって結果的に持ち主の人格が判明することはあるが、氏名自体は人格を象徴しない。基本的には氏名はヒトを他のヒトと識別する符号のようなものである。社会生活をする人間は透明人間として生きることは許されず、他人と識別できなければならない。そのために使われるのが氏名であり、氏名そのものにはプライバシーの一般的定義である「一般人の感受性を基準にして当人の立場に立った場合、公開を欲しないであろう」情報、「社会生活を営む上において自己に不利益な」情報が含まれてはいない。その意味で氏名はプライバシーとは言えず、実名を報道してもそのことのみをもってはプライバシー侵害と言えない。

プライバシーが問題になるのは実名とともに当該人物に関する他の情報が明らかにされた場合だが、その情報の公表が違法と評価されるようなものでない限り原則として実名報道も違法とは評価されない。

「原則として」と書いたのは、関連事実の公表が合法か違法かの問題とは無関係に実名報道を禁止している少年法六一条があるからである。この点について堺の通り魔事件報道に関する大阪高裁の判決（二〇〇〇年二月二九日）は次のように判示した。

「プライバシー権等の侵害、特に人に知られたくない私生活上の事情や情報の公開については、実名報道ないしはそれに類する報道を前提としているから、人格権ないしはプライバシーの侵害とは別に、みだりに実名を公開されない人格的利益が法的保護に値する利益として認められるのは、その報道の対象となる当該個人について社会生活上特別保護される事情がある場合に限られ

る」(注7)

この事件では一審の大阪地裁は少年（事件当時）の「実名報道されない権利」を認めて出版社に賠償支払いを命じた(注8)が二審で逆転した。少年はいったん上告したものの、二〇〇〇年一二月に上告を取り下げて二審判決が確定した。極めて興味深いテーマだが、少年法六一条という特殊な問題なのでここで深入りするのは避ける。

(4) プライバシー報道は一切許されないか

事件に関する報道のうち、過去の事件に関する真実である事実の指摘は通常、プライバシー侵害か否かとして論じられ、捜査、公判中、あるいは現在進行形の事件は名誉毀損との関係で論じられることが多いが、内容によっては両面から考えなければならないのはもちろんである。

さてそこで、プライバシーを公表する報道、特に事件と関係するプライバシー報道は一切許されないのだろうか。また名誉毀損、つまり人の社会的評価を低下させる報道はすべて許容されないのだろうか。次の段階の考察へ進むための前提として簡単におさらいしておこう。

名誉毀損については刑法二三〇条の二がある。「報道内容が公共の利害に関する事実であり、報道目的がもっぱら公益を図ることにあり、報道した事実が真実なら責任を問わない」「起訴前の犯罪行為に関する事実は公共の利害に関する事実とみなす」「公務員、公選による公務員の候補者に関する事実の場合は真実なら罰しない」の三項目である。

犯罪の前科など、他人に知られたくない個人の情報は、それがたとえ真実でも、一般的にプライバシーとして法律上の保護を受けることには異論がない。最高裁は前科について「前科および犯罪経歴は人の名誉、信用に直接かかわる事項であり、前科等のある者もこれをみだりに公開されないという法律上の保護に値する利益を有する」(注9)としている。法廷意見はプライバシーという言葉を使っていないが、伊藤正己裁判官は補足意見で「他人に知られたくない個人の情報は、それがたとえ真実に合致するものであっても、その者のプライバシーとして法律上の保護を受け、これをみだりに公開することは許されない」と述べ、もっと明確である。

その一方で、最高裁は前科公表の不法行為責任の判断にあたっては、実名使用の意義および必要性と前科を公表されない法的利益を衡量すべきであるとしている(注10)。また、「私人の私生活上の行状であっても、その携わる社会的活動の性質およびこれを通じて社会におよぼす影響力のいかんによっては、その社会的活動に対する批判ないしは評価の一資料として刑法二三〇条の二第一項にいう『公共の利害に関する事実』にあたる場合がある」とも判示(注11)している。後者は名誉毀損との関係で述べられたものであるが、プライバシー侵害についても同じことが言えよう。

これはいわば公的人物に関する判例だが、政治家、高級公務員など公人の場合は、プライバシーとして保護される範囲が狭くなるのは当然であろう。政治家として、あるいは大きな権限を握る公務員としてふさわしい人物かどうかを国民がチェックするには、その人物の資質、人格を判断するために詳細な情報がいる。

一般人ならプライバシーとして保護されるべきであっても、公人なら保護の対象とならない事項はあり得る。たとえば、一市民にとっては純粋なプライバシーといえる交際相手の氏名や役職などの情報も、政治家ならその地位、役割との関係で国民に知らせるべき情報となることがある。しばしば問題になるように、暴力団組員など犯罪常習者と日常的に付き合っている人物は国会議員としての適格性に疑問があるし、特定の趣味嗜好が公務員としてふさわしくないこともある。公務員に対する授権者たる国民がその授権の当否を判断する材料として提供するため、そのようなケースでは私的な情報であっても公開が許されなければならない(注12)。

プライバシーに関しては、公表することの当否を「公共性」判断にかかわらせる考え方とは別に、「社会の正当な関心事」かどうかを基準に判断する考え方がある(注13)。前出の堺通り魔事件の高裁判決は次のように述べている。

「社会一般の意識としては、報道における被疑者等の特定は犯罪ニュースの基本的要素であって、犯罪事実と並んで重要な関心事である」

「犯罪被疑者については、犯罪の内容、性質にもよるが、犯罪行為との関連においてそのプライバシーは社会の正当な関心事となり得る」

「表現の自由は、それ自体内在的制約を含むとはいえ、民主主義の存立基盤であるから、憲法の定める基本的人権の体系中において優越的地位を占めるものではあるが、常に他の基本的人権に優越するものとまではいえない。そこで表現行為によって個人のプライバシー、肖像権及び名誉権が侵害された場合、表現の自由とプライバシー権等との侵害の調整においては、表現の自由の憲法上の右の地位を考慮しながら慎重に判断されなければならない」

この点についての詳細は後述するが、いずれにしろ報道と名誉・プライバシーとの関係は「報道」対「人権」という抽象的概念の対立ではなく、知る権利、財産権など報道が体現しようとしているさまざまな基本的人権と報道される側の人格権など他の基本的人権との対立、調整の問題である。報道が一方的に人権を侵害するという理解は表面的な見方であり、人権と人権をどう調和させるかの問題ととらえるべきである。

当然ながら、プライバシー侵害、名誉毀損とも実名による報道を前提にしており、少年犯罪の報道を除けば実名というだけで違法になるわけではない。あくまでも実名報道に伴う事実の指摘が違法かどうかという問題なのである。報道は千差万別なだけに、権利・利益の対立調整も個別具体的な事実に即して行われなければならず、個別の事実を離れた抽象論では報道の使命とその限界に関する現実に即した判断ができない。

ただ、どのような報道が違法となるかは、判例の蓄積によって相当程度明白になっていると言っていい。そこを確認して次に進む。

(5)　事件の報道と知る権利

「報道の自由」は何のために存在するのだろうか。前述した博多駅テレビフィルム提出命令事件で最高裁は「報道機関の報道は、民主社会において、国民が国政に参加するにつき、重要な判断の資料を提供し、国民の『知る権利』に奉仕するものである。したがって、思想の表明の自由と並んで、事実の報道の自由は、表現の自由を規定した憲法二一条の保障のもとにあることはいうまでもない」とした。外務省公電事件決定でも「報道機関の国政に関する報道は、国民が国政に関与するにつき重要な判断の資料を提供し、いわゆる国民の知る権利に奉仕するものだから……」(注14)と報道の自由の憲法上の地位を認めている。

学説的にも表現の自由・報道の自由は民主制の根幹とされ、民主社会の維持発展に欠かせない、と説明される。その一方、メディアには自然人のような人格がないことから自らの人格陶冶のための表現の自由はあり得ず、あるのは民主社会に参画する国民の知る権利に奉仕するための表現の自由、および国民の人格陶冶に資するための表現の自由のみである、との主張もある(注15)。つまり、メディアには国民に奉仕するための表現の自由しかなく、メディア自身が言いたいことを言う自由はないというのである。

ここから知る権利の対象は政治的事項に限られるという主張を導き出す人もいる。この立場では、報道の自由の対象も民主制に関係する事柄だけとなり、事件に関する報道の多くは憲法の保障のもとにはないことになる。なぜなら、通常、事件は政治や民主制とは直接は関係ないからである。まして事件関係者の実名を報道する自由はないという。

しかし、まず第一に、判例が知る権利を国政に関連付けて説明しているのは、たまたまその訴訟のテーマが政治的事件をめぐるものだったからに過ぎず、そのことから知る権利の射程が政治的事項にしか及ばないと言うのは早計だろう。

第二に、民主制とは政治の仕組みや政治的出来事の処理に関するだけの制度ではない。国家や社会の在り方を国民一般の意思にそって決め、国民の意向に従って国家社会を運営する仕組みが民主制である。政治的決定はもちろん、社会で生起する諸事象への対応も政治家や官僚、一部の専門家が勝手に決めるのではなく、広く国民の知恵を生かすのが民主主義である。

国民は犯罪について考え、犯罪や事故から身を守り、犯罪のない社会づくりを目指すなど事件、事故と主体的に取り組む権利がある。そのためにはできるだけ多くの情報が国民に提供されなければならない。知る権利の対象を政治的事項に限定するのは誤りであり、事件報道も知る権利に奉仕するものとして報道の自由の保障のもとにあることはいうまでもない。刑法二三〇条の二が、起訴前の犯罪に関する事実を公共的事柄とみなし、その報道について原則として名誉毀損の責任を問わないこととしているのもこの趣旨であろう。

一方、もし事件情報が国民にとって必要であっても、何がどのように起きたかが大事なのであって、被疑者、被害者の氏名は特別な場合を除いて意味、価値がない、という主張がある。事件報道のうち少なくとも実名の部分には原則として公共性、公益性が認められないという立場である。

俗耳になじみやすい主張だが、氏名が他の事実と一体になってこそ「真実」が現れる。氏名こそが重要な意味を持つ事件というのもあり得る。それに、ニュースの価値はＴＰＯによって変わってくる。ささいな事件があとで重要な意味を持ってくる場合がある。二〇〇〇年春、雑誌『噂の真相』の報道によって明るみに出た、森喜朗首相（当時）が学生時代に逮捕されたことがあるのではないか、という疑惑は好例だ。

伝えられた容疑は買春行為だが当時の新聞は報じていない。社会的地位が高いわけでもない学生の行為では大きなニュースバリューが認められず、同じことが現在起きてもやはり記事にはならないだろう。だが、森氏が首相となったいまでは、その地位にふさわしい人物かどうかを判断する重要な情報である。

何気なく見逃してしまう小さな事件、その時点では有名でもなく、高い地位にいるわけでもないので無視、ないしは軽視された人物の氏名が何年かたって重要な意味を持つことになったのである。このケースは事実として報道されなかった訳だが、もし、このような場合に法律的にも「被疑者の氏名は国民にとって意味のない情報だから報道の自由で保護されない」となれば、歴史の検証の資料となり得る記録を残せなくなる。

このことは報道の自由の対象に含まれるかどうかを「読者にとって有意義か」「報道価値があるか」という基準だけで決めることの危険性を物語る。有意義な情報を伝えることが報道の自由で保障されることはもちろんだが、保障の対象がそれだけに限られてはならない。一般国民、社会にとって特別な意義はなくても、そのことに関心を持つことが正当と判断されるような事項はプライバシーであっても報道の自由の対象として認められなければならないのである。

そうでなければ社会は極めて堅苦しくなるし、価値がないと消極的評価しか受けられなかった情報や言論は抹殺され、少数意見の表明が許されなくなるおそれがある。その結果、社会は固定化し発展が止まるだろう。

事件に関する情報の多くは、公共的事柄として名誉毀損の違法性阻却事由にあたるものであるほか、このような社会の正当な関心事としてプライバシー侵害にあたらない事項といえる。被疑者の氏名については、著名人、公人などのように氏名それ自体が公共的事項にあたることがあるし、一般の人であっても事件との関係では正当な関心事といっていい。前出の堺通り魔事件の報道に関する大阪高裁の判決は「社会一般の意識としては、報道における被疑者の特定は、犯罪ニュースの基本的要素であって、犯罪事実と並んで重要な関心事であると解されるから、犯罪事実の態様、程度および被疑者ないし被告人の地位、特質、あるいは被害者の心情等からみて、実名報道が許されることはあり得ることであり……」と述べている。

この判決は少年法に関する事件であるためもあって「許されることはあり得る」「少なくとも凶悪重大な事件において、現行犯逮捕されたような場合には、正当として是認される」など、実名報道の許容は例外であるかのような表現になっているが、一切留保を付けずに実名を正当な関心事としている判例(注16)もある。

最後にメディアの「言いたいことを言う自由」について触れたい。確かにほとんどのメディアは法人であり、自然人のような人格の陶冶はあり得ない。したがって「言いたいことを言う自由」が自己の人格発展のためだけにあるとしたら、メディア自体には「言いたいことを言う自由」はない。

しかし、メディア組織を作って支配したり運営、参加しているのは自然人である。メディアという存在が言論活動をする訳ではない。メディアの支配者、運営者、参加者がメディアを通じて言論活動しているのである。その活動によって自己の人格を磨くということはあり得る。メディアは彼らにとってスピーカーのような、あるいは演説会場のようなものであって、「メディアの言いたいことを言う自由」のように見えるものは、実際はメディアを通じて自然人が言いたいことを言う自由なのである。

このことはメディア組織を支配していない単なる寄稿者、執筆者でも同じである。メディアにおける言論は一見メディアの言論のように見えて、実際はメディアを通じた寄稿者らの言論でもある。言論活動といえば広場で演説することだった古い時代ならともかく、現代社会では言いたいことを言う自由が認められても、その自由をメディアを通じて行使できなければ実質的には意味がない。広場で演説する自由が保障されても、メディアの自由が制限されるのでは、表現の自由は絵に描いた餅にすぎなくなる。

「メディアの言いたいことを言う自由」を保障することで、表現、言論、報道などの自由は実質化する。その自由を認めた上で、他の人権と衝突する具体的場面で両者の調整を図るべきなのである。

(6)　ニュースの選別基準はどうあるべきか

報道機関には日々膨大な量の情報が集まってくる。関係者がまず取り組むのはその情報の真偽の確認だが、真実と確信できると、次にはその情報を報道するかしないか、するとしたらどんな形で伝えるか、という判断を迫られる。

これまで述べてきたように「言いたいことを言う自由」は報道機関にも認められるべきだが、第一義的には報道機関は「知る権利に奉仕する」存在とされ、国民の知る権利に存立基盤をおいている以上、報道する情報の選択が報道機関の全面的な自由裁量に任されている、と考えるのは誤りである。報道するために収集した情報が真実ならすべて報道することを原則とすべきであろう。

しかし、メディアには容量の限界があるし、新聞、ラジオ、テレビ、雑誌などといった媒体特性もある。あるメディアでの報道に適した情報が必ず他のメディアにも適しているわけではない。したがって、報道には入手した情報の取捨選択が当然伴う。

選択にあたって容量やメディアの特性により決めることは比較的容易だが、実際にはそれだけでは選択は完了しない。「情報の質」による選別を避けることはできない。問題はその質による選別に際し、どのような基準を用いるかである(注17)。

「情報の質」による選別基準は「情報の価値」基準と「情報の有害性」基準に大別できる。前者は「読者、視聴者が知ることに利益があるかないか、あるとしたらその大小」、あるいは「報道することの社会的意義の有無、その大小」を判断して情報に序列をつけ、序列上位の情報から優先的に伝えることである。したがって、「情報の価値」基準はともすれば「原則報道禁止、例外として報道可能」の基準になりかねない。事件報道に関する匿名報道論、つまり公人、公的人物のような社会的影響力のある人物などを除いて実名で報ずべきではない、という考え方がその典型である。

これに対して、「情報の有害性」による選別とは、伝えることによってだれかの人権が侵害されるか否か、国家や社会の安全が脅かされるかどうかによる判断である。報道によって失われる利益、損なわれる権利が報道することで得られる利益より大きい場合には報道を抑制し、そうでなければ可能な限り報道する。原則として自由、例外的に禁止となる。

メディアには民主制に資するための表現の自由、あるいは読者、視聴者の人格陶冶に資するための表現の自由しか認められない、という立場をとれば、メディアには一般的な読者からみて価値がない情報を伝える自由はないことになる。このような立場では、有害性基準による選別はもちろんのこと、情報価値基準による選別も有害性選別と同じくらい厳しく行われなければならないことになる。そして、ともすれば民主制や個人の人格向上と直接関係ない情報と見られやすい事件情報については相対的に低い価値しか認められず、切り捨てられる確率が高くなるだろう。

しかし、国民の知る権利の対象は政治参加に資する情報に限られないことは前述した。また、我々が生きている社会のさまざまな出来事は、政治情報とそれ以外の情報で優劣をつける考え方で対応できるほど単純ではない。複雑きわまりない今日の社会と人間生活のもとで生まれる情報は、何が政治参加情報で何がそうではないかを截然と区別できるほど単純明快でもない。

どのような社会を作り上げたいか、犯罪にどのように対処するか、犯罪者、犯罪の被害者をどのように処遇し、それらの人の人権をどのようにして守るか、など、直接は政治と関係ないように見えても最終的には民主制の問題に帰結する。まして、何が政治情報か、何が「ためになる情報」かの判断は、時代背景、社会事情や人によっても違ってくる。基準が抽象的なだけに判断の対立も起きやすく、それに乗じて公権力が介入する危険性も高い。すでに名誉毀損の慰謝料高騰の陰には公権力の介入と見られる現象が起きている(注18)。

他面、宝を見落とす無能な編集者もいれば、反対にゴミの中に隠れた宝を見つけだす鋭い眼力の読者もいる。そうしたことがらを合わせて考えると、価値が高くないと判断された情報でも、メディアの情報プールに死蔵せず、できるだけ多くを社会に送り出す必要がある。

可能な限り多くの情報を送り出すためには、選別は、価値基準を過度に重視して「価値が低い」と判断した情報を安易に報道対象から外すのではなく、有害性基準を中心に行うべきである。何が有害かは判例の蓄積が進んでおり、価値基準よりはるかに客観的な判断が可能であり、少なくとも判断者の違いによるブレは少ないだろう。実名を報ずるか否かの判断もそこにポイントをおくべきだ。

実際には、二つの基準は複雑に絡み合っていて完全に切り離すのは難しい。報道されることが当事者にとっては有害でも、報道することがそれよりはるかに大きい社会的意義を有する情報もある。最終的には、報道する意義、報道による利益などと報道の弊害とのバランスで決める場面が多い。ただ、情報の価値基準を優先する選別は報道することに積極的意味が認められる情報だけを発信することになりがちで、報道の萎縮に拍車をかける。

「よりよい社会をつくるための報道」という一般論には異論はないが、そのように称してメディアの手足を縛るのはかえって逆効果である。国民主権制のもとでは、どうしたらよりよい社会をつくれるか、そのためにはどんな情報が有意義かという判断は国民一般に任されるべきだ。情報の判断者は読者、視聴者であり、互いの価値を認め合う、自由で民主的な社会をつくりあげるには、原則自由、例外禁止である「有害性基準」に重きを置いた選別を心がけるべきである。

(7) おわりに

人はさまざまな価値観を持っている。立場により、あるいは自らが属するメディアの種類、関心の深い部門の違いなどによって報道のあり方に関する考えが違うのは当然と言える。そのような中で大事なことは多様性を許容する柔軟さである。特定の価値観を絶対視したり、自己の考えに固執して他人の情報発信をむやみに制限しようとすることは民主社会の維持、発展にとって好ましくない。

ジャーナリズムとは実践の科学であり、そこでの判断、決定は過去の経験、現在の知識、社会情勢、世論など可能な限り広範で、多量の情報に基づく慎重な考察の結果でなければならない。その判断にあたって、報道に従事する者が常に持たなければならないのは、マスメディアの存立基盤はあくまでも読者、視聴者たる一般国民だという自覚である。法を無視することはもちろん、ジャーナリズム倫理を逸脱して読者に迎合する〝垂れ流し〟報道は許されないが、情報主権者である国民を高みから見下ろして、伝える情報を恣意的に選別することも、当然、正しくない。さらに活字メディアの場合には、「歴史を記録する」使命も担っており、後世の人が歴史を検証できる報道を行わなければ存在意義が問われる。

現在の報道に改善を要する部分が多々あるのは事実だが、「報道する側＝加害者＝悪玉」「報道される側＝いわゆる報道被害者＝善玉」という一面的図式の思考、議論は不毛であり、建設的ではない。報道における人権問題は、報道か人権かといった二項対立式の議論ではなく、人権と人権の衝突をどのように調整しバランスをとるかという観点から個々の場面ごとにもっと柔軟に、そして本質的に考えたい。そうすることで、国民の知る権利を守り、報道の責任も果たしながら、ときにそれらと対立する他の人権をも守る報道が実現するだろう。

（注1）博多駅テレビフィルム提出命令事件大法廷決定（一九六九年一一月二六日・最高裁刑事判例集二三巻一一号）は「報道機関の報道は……国民の『知る権利』に奉仕するものである」と言っている。

（注2）少年法六一条は審判に付された少年、少年時代に犯した罪で起訴された者について、氏名、年齢、住居、容貌など身元を推知できる記事、写真の掲載を禁止している。審判、起訴前の捜査段階でも禁止されている、と解されている。但し、日本新聞協会の見解では、少年の被疑者が逃走中で放火、殺人など凶悪な累犯が明白に予想される場合、指名手配中の被疑者逮捕に協力する場合など、「本人の保護よりも社会的利益の保護が強く優先する場合」は特例として氏名や写真を報道することがある。詳細は後出、『少年事件と報道』

（注3）『記者ハンドブック』（共同通信社）、『新・書かれる立場書く立場』（読売新聞社、一九九五年）など

（注4）表現の自由の優越性については、田島泰彦、右崎正博、服部孝章編『現代メディアと法』（三省堂、一九九八年）二四頁以下に平易な解説がある。

（注5）ルポルタージュ『幼稚園児虐殺犯人の起臥』（新潮45一九九八年三月号）

（注6）後出「通り魔判決に見るジャーナリズム論と法律論」

（注7）　判例時報一七一〇号一二一頁
（注8）　判例時報一六七九号五五頁
（注9）　京都市前科照会事件（一九八一年四月一四日・最高裁民事判例集三五巻三号）
（注10）「逆転」事件判決（一九九四年二月八日・最高裁民事判例集四八巻二号）
（注11）『月刊ペン』事件判決（一九八一年四月一六日・最高裁刑事判例集三五巻三号）
（注12）　名誉毀損との関係であるが、刑法二三〇条の二第三項にはこの趣旨を明記してある。
（注13）　竹田稔・元判事は、表現行為によるプライバシー侵害が違法とされない要件として①表現行為が社会の正当な関心事であること②その表現内容、表現方法が不当なものでないこと――を提示しており、この二要件により判断している裁判例も少なくない。竹田稔『プライバシー侵害と民事責任・増補改訂版』（判例時報社）一九九頁以下
（注14）　一九七八年五月三一日・最高裁刑事判例集三二巻三号
（注15）　たとえば長谷部恭男『テレビの憲法理論』（弘文堂）
（注16）「ごみ収集車事故」報道・判例時報一三〇〇号、「恋の恨み」報道・マスコミ判例集第四集（日本新聞協会）
（注17）　この章については拙著「情報の最終判断者は読者」＝『客観報道の裏側』（現代書館）所収
（注18）　後出「裁判官は表現取締官になったのか」、拙著「最高裁が誘導した慰謝料高騰」＝『包囲されたメディア』（現代書館）所収

2　裁判官は表現取締官になったのか

本来なら保護に値しないかもしれない表現もある程度守られないと、本当に価値ある表現も守られない——これは司法の世界ではすでに懸念ではなく現実になりつつある。表現・報道の自由を脅かしているのは規制立法の動きだけではない。名誉毀損の免責理由として判例で認められた「誤信相当性」のハードルが、揺れながら高くなりつつあるように見える。報道が国民の知る権利に応えられるよう、報道の萎縮を防ぐ目的で導入された判例の理念が忘れられ、裁判官の判断がパターン化したことによって、本来、説明責任のある公人、公的人物でも取材を拒否すれば疑惑追及から逃れうるかのような様相を呈している。ごく普通の週刊誌の出版が、たった一人の裁判官の判断で一時差し止められる事態も生じた。

(1)　法的評価に先立つ嫌悪感

二〇〇〇年代に入って名誉毀損、プライバシー侵害の慰謝料額が急騰している(注1)。それはメディアの経営に大きな影響を与え、表現を萎縮させる点で憂慮すべき事態だが、より根元的に問題なのは判決文にしばしば露骨に表れる表現・報道に対する嫌悪感、蔑視である。この嫌悪、蔑視が慰謝料を高騰させているだけでなく、名誉毀損などの法理や判断基準をメディアにとってより厳しいものにしている。

　分かりやすい例を一つあげよう。有名女優の自宅での言動を「トラブル続出でご近所大パニック」「あの女は雪女」などの表現で報じた女性週刊誌に対して、二〇〇一年二月、東京地裁は五〇〇万円の慰謝料支払いを命じた。記事に書かれたことは公共の利害に関する事実にはあたらず、専ら公益を図る目的で掲載したとも認められない、として記事内容の真実性に踏み込むまでもない、と切って捨てたのである[注2]。

　周知のように、表現が人の名誉を傷つけても▽指摘した事項が公共の利害にかかわる▽指摘は専ら公益を図る目的で行われた▽内容が真実である――という三条件を満たせば違法性が阻却される。「仮に真実でなくても、表現した側が真実と信じるのもやむを得ない事情（誤信相当事由）があれば免責される」という相当性理論も判例で確立している。

　判例によれば表現の仕方は公益性判断の基準の一つとされているので、この記事の場合、仮に「あの女は雪女」など嫌みたっぷりの文章の羅列から公益性が否定されるのはともかくとして、公共性を頭から否定するのが相当だろうか。女優は「可愛い女」として人気を得ていた。女優という職業には虚像を売る側面があるとはいえ、自分勝手な私生活のようすを暴露することで虚像をはぐことが、判決の言うように「単なる好奇心の対象」であり、まったく公共性がないとは、必ずしも言い切れないのではないか。

公共性、公益性を全否定する背景としては記事に対する蔑視がうかがわれる。判決には「（記事は）原告（女優）の私生活上の話題を提供することで、一般読者の購買欲をあおり、雑誌の販売部数を上げようとの商業目的で発表された」（一審）「興味本位の関心をかき立てる性質の誇張された内容と表現である」「購買意欲をあおり、売り上げを上げて利益を図る意図があることが推認される」（二審東京高裁・二〇〇一年七月）などの記載がある（注3）。

資本主義社会ではメディアも原則として資本の論理に従わざるを得ない。違法性は表現の内容、表現方法で判断すべきであって、売り上げを増やす意図まで非難されるべきいわれはない。この判決文からは法壇から裁かれる側の「民」を見下ろすことに慣れた官僚裁判官の強い〝選良意識〟が感じ取れる。

民事裁判は本来、権利と権利の衝突を調整する場であり、制裁の場ではない。裁判官はジャッジのはずだが、昨今の裁判をみると裁判官が表現取締官、倫理監督官と化した観がある。

自らを大衆の前にさらし、大衆の評価によって生きる道を選んだ者は、正当な批判はもちろん、私生活をある程度明るみに出されることも甘受しなければならない。人が虚像によって生きる権利だけが認められ、他人がその人物の実像に関心を抱くことを「単なる好奇心」と安易に否定するのは、公平の観念に合致しない。虚像をはがしプライバシーを明かしたというだけで、報道を違法とするのは、社会的存在の虚像だけを一方的に保護し、社会の他の人々が虚像によって受けるかもしれない影響を無視することになる。

一審は「本件記事により原告がこれまで長い芸能生活で築いてきた好イメージを著しく傷つけ

られた」としているが、まさにそのことの当否こそ問われてしかるべきだろう。

それでも、この種の芸能スキャンダル記事にはまともに擁護する価値がない、という向きもあろう。筆者自身も歓迎しているわけでも好ましいと思っているわけでもない。「隣家を水びたし」「奇っ怪行動ゾクゾク‼」などの見出しや「おなじみのその甘い声はどこへ行ったのか、今や野太い声で近所に吠えまくっているというのだが」などの本文は決して客観的とはいえず、悪意に満ちている。とても積極的に評価する気にはなれない。

しかし、だからといって判決のように表現の自由と人格権を単純に等価値として扱う考え方の弊害は大きい。違法性阻却事由の判断にあたって三条件を完全に価値中立的に扱い、結果として表現の自由の幅を狭めるからだ。加えて、裁判官が法律判断に先立って報道内容、表現方法に対して抱く嫌悪感や蔑視などが社会常識と遊離した判断を招くことが少なくない。

(2) 高くなった「誤信相当性」のハードル

前述したように、事実を指摘する表現行為によって他人の名誉を毀損しても、指摘事実の公共性、指摘目的の公益性、指摘内容の真実性を立証すれば違法性が否定され、責任を免れることができる。刑事では刑法第二三〇条の二という明文があり、民事については不法行為理論として最高裁の判例（一九六六年六月）で認められた（注4）。

しかし、法的権限に裏付けられた行政庁の調査や、強制手続きで捜索、押収などができる捜査機関の捜査と違って、報道機関の取材は相手の任意協力に頼るしかない。集めることのできる情報の量、質にしばしば限界がある。その場合に、真実ではないことを報道したからといってすべて責任を問われるのでは、名誉毀損を恐れて報道をなるべく控えるようになり、国民に情報が十分伝わらない。

そこで前述の判例では、刑事理論では早くから有力だった「結果的に真実でなくても、真実だと誤信するのもやむを得ない事情（誤信相当事由＝理由）があれば責任を問わない」という理論も取り入れられた。一般に誤信相当性の法理と言われている。

この判例のケースは、衆院選の立候補者に関する記事の中で本人の経歴を間違えたことについて誤信相当性を認めたものである。当時、経歴のような調査が容易な事項で認めるのは甘すぎるという判例批評もあったが、選挙のような公的事項に関する報道では誤信相当性の幅をなるべく広く認めることが、民主社会の健全な発展、維持に資するとされた。

六年後の一九七二年一一月、別の事件で最高裁は誤信相当性を否定した。生後三カ月の嬰児の変死事件について、新聞が「嬰児は生まれながらに口の形が変わっており、家族のだれかが口や鼻を覆って殺した疑いが出ている。警察も近く家族を調べる」と報じたが、結局、事件にはならなかったケースである。家族が賠償を求めて提訴、一審で勝訴したものの高裁で逆転、最高裁に持ち込まれた。

記者は遺体を解剖した医師から手で口や鼻を押さえる仕草によるヒントを与えられ、発表権限のある警察の刑事官から取材し、さらに原稿を組み込む直前に「掲載してもいいか」と刑事官に確認していた。それでも最高裁は「家族らを再度訪ねて取材する等、さらに慎重に取材すべきであった。記事内容をたやすく真実と信じたことについては相当の理由があったとは言えない」としたのである(注5)。

二つの判例をめぐっては「最高裁の考え方は公私の間で格差を設けているのではないか」との指摘もあった。社会の基本にかかわるような公共性の極めて高い事項の報道では相当性の幅を広くし、個人の犯罪のような場合は狭くしているというのである。

通信社の配信原稿というだけでは誤信相当理由に当たらないとして、「配信の抗弁」の適用を認めなかった最高裁判決(二〇〇二年一月)には、「仮に」として「私人の犯罪行為等に関する報道分野とその他の報道分野の記事に分け、後者については特別の理由がない限り(配信原稿掲載の)責任を免れさせる法理を採用し得る余地があるとしても……」の記述がある(注6)。これも誤信相当理由の公私格差論と言えよう。

しかし、近年の地裁、高裁の裁判例をチェックすると、必ずしもそうした統一基準があるようには思えない。むしろ「公」も「私」あるいは「民」も区別がなくハードルを高くしているように見える。「真実性立証の成功」と同視できるレベルの立証活動をしなければ、誤信相当理由が認められない傾向がある。さらに、裁判所という閉鎖空間で生活を続けて多様な社会経験をしていないため、個々の矮小化された論点にばかり目を奪われて「木ばかり見て森が見えない」職業裁判官の性癖が報道の自由にとって大きな障害になっている。

某大手報道機関の社会部長(報道当時)と写真週刊誌の間で争われた訴訟はその一例だ。二〇〇一年九月に東京地裁で出た判決（注7）の認定などによると、事実経過は次の通りである。

社会部長はマンションの階上の住人のいびきの音に苦情を言って何回も交渉し、鼻の手術まで要求した。他方で、マンションを建設した会社の地元支店にも善処を求めていたが、問題のマンションは防音基準を満たしており、社会部長が中古を購入したためもあったのか、トラブルはなかなか解決しなかった。そのうち、社会部長は建設省（当時）の幹部と親しい同僚に相談し、話が同僚から建設省の局長を通じて建設会社の副社長、現地支店へと伝わり、建設会社側があわてて会社ぐるみで異例の対処をした。

写真週刊誌はこれを「職権濫用」と報道した。例によって「スクープ！ここまでやるか」「××社会部長の異常行動」「マンション騒音で建設省幹部まで動かした職権濫用！?」などの見出しは刺激的であり、本文も「異常な〝クレーマー〟と化し、企業や一般人を恐怖のどん底に突き落とした」などと激しい調子である。

核心は社会部長がマンション騒音という私的トラブルの解決のために職業上の肩書きを利用したかどうかにある。社会部長たる地位を利用したのなら報道機関の中立性、公正さが問われる行為であり「職権濫用」と批判されるのは当然だ。

裁判所は「職権濫用」は真実性の証明がないとし、誤信相当性も否定した。判決理由は「社会部長が建設省幹部に話してくれるよう同僚に依頼した証拠はなく、依頼しないまでも期待した証拠もない」「同僚が局長に話す際に『当事者が社会部長』と告げた証拠も、局長が副社長に社会部長のかかわる騒音問題と伝えた証拠もない」などである。

確かに、社会部長は同僚に建設省への橋渡しを依頼したことを否定し、たまたま社用で会った機会にトラブルのことを話して参考意見を求めただけと言っている。取材を受けた局長は、トラブルの話を聞いたのが当該報道機関の人だったかどうか、またその際に当事者の肩書きを聞いたかどうかをぼかしている。

しかし、社会部長が同僚に話したのは建設会社支店、階上の住人との折衝が進展せず困っていた時期であり、同僚はいわゆる建設省に強いことで知られている人物だった。「ついでに質問した」というのは不自然で信用できない。建設省の局長が、全くの私人のマンション・トラブル解決のために一肌脱いで建設会社に影響力を行使することなどあるはずがない。

現に建設会社には当事者は社会部長と伝わっていた。だからこそ、会社側はあわてて、上下の部屋間の遮音性テストを行い、階上住民のいびきの音を録音する機材を社会部長に貸し、その音を技術研究所で解析するという、通常の顧客に対しては考えられないような懇切丁寧な対応をしたのである。建設会社からは当該報道機関に対して当該人物が本当に社会部長か問い合わせもあったという。

これだけ条件がそろえば、本人が同僚に相談したのは助力を期待してのことであり、その際、肩書きが伝わることを少なくとも予測していた、同僚、建設省局長を通じて建設会社副社長、現地支店には当事者が社会部長であるとして話が伝わった、と受け止めるのは極めて自然だ。関係者の証言としてはそれが明白には表れていないが、裁判所のしばしば使う手法である「推認」は可能だし、その推認は一般常識にも合致する。ならば「職権濫用」という評価は正しく、そう報道することが違法とは言えない。

推認が許されず、社会部長の肩書きを利用したことの真実性が否定されるとしても、「事柄の経過は肩書き利用を示している」と普通の社会人なら考えるだろう。取材開始のきっかけが建設会社内部からの情報提供だったことと合わせると、記者が真実と信じる相当の事由があったと言っていい。職権濫用の表現も違法な論評とは言い切れない。判決の認定は一般社会人の感覚からかけ離れていると言わざるを得ないのである。

誤信相当事由の認定範囲をこのように狭く限定されては、メディアは真実性を明白な証拠で立証しない限り責任を免れ得ない。これは捜査権限もなく、専ら任意的情報収集方法に頼らざるを得ない報道機関に不可能を強いるに等しく、公人、公的人物に対する批判をほとんど不可能にする。

誤信相当事由の判断の厳格化は二〇〇〇年代の裁判例に顕著な傾向である。最高裁は二〇〇二年一月、大麻所持の疑惑報道について、本人の離婚した妻からの目撃証言、元の妻が捜査官に同様な供述をしているという捜査官情報だけでは、真実と信ずる相当な事由とは言えないとした。本人の最も身近にいた妻の証言を信じたのがいけないと言われては、事件報道が成り立つ余地はますます狭くなる。

二〇〇一年三月、東京地裁で、週刊誌が有名野球選手に関する記事に関して一〇〇〇万円の賠償を命じられた（同年一二月に東京高裁で六〇〇万円に減額）事件では、情報源と面談せず電話、電子メールで行われた取材の結果を信用したことが相当ではなかった、とされた(注8)。情報収集手段が日進月歩の時代に、面談していないというだけで信用性を否定するのは、時間に追われる一方で取材範囲が世界規模に広がる現代の報道の実情を無視するものと言えよう。日常的に行われている電話取材も情報源と面談しない点は電子メール取材と同様である。トラブルが起きたときは同じように判断される恐れがある。信用性、誤信相当性を確保するために、録音したり逐語訳の会話メモを作成して保存するなどの対策が必要だ。電子メール取材についても、記録を保管し、重要な部分は改めて面談して確認するなど裁判官に「取材の手を抜いてはいない」との心証を抱かせるための努力が必要になってくる。

それにしても、名誉毀損における違法性阻却事由、とりわけ誤信相当事由の範囲が不当に狭まってきたのは、数々の問題を起こしている週刊誌、特に写真週刊誌への裁判官のネガティブな評価が大きな要因と思われる。個々の記事の具体的な評価に先だって、週刊誌というメディアそのものへの不信感があり、それが個別の記事に関する違法性阻却事由の判断にマイナスの影響を及ぼしているように見える。

大手マスコミの社会部長の職権濫用は、それが真実なら明らかに公共的事項である。半面、本人の出勤途上と見られる写真を大きく掲載し、刺激的な見出しを並べたセンセーショナルな報道からは「ここまでやる必要があるか」という感想も生まれる。報道の意義は認めても、見る人によっては「総体としてやりすぎ」という印象も受ける。社会部長という地位の人物にどれだけの倫理観を求めるかによっても判断は分かれるだろう。現に、高裁では建設会社側が雑誌社側の立証に協力したためもあって「職権乱用」と認定され、記事のほとんどの部分が免責され、判決が事実上逆転したが、表現の行き過ぎについてはメディアが責任を問われた。

この記事は「保護されなくても仕方ない」表現と「必ず保護されなくてはならない」表現の中間領域にあると言えるだろう。

(3)　中間領域の表現にも厳しく

記事全体の印象、感想によって裁判官が先入観を抱き、違法性阻却事由の法的判断が左右される現実については前述した。裏付けの確かさは、文章のトーン、批判の厳しさに比例したものを求められる。したがって、中間領域の表現は、表現の自由に正しい理解を有し、毅然たる判断枠組みを持っている裁判官による裁判でなければなかなか保護されない。

しかし、中間領域の表現が保護されなくなると、やがては本当に価値ある表現も守られなくなる。読者や新聞、雑誌などのメディア関係者が週刊誌を差別し、たかが芸能スキャンダル、くだらない週刊誌ジャーナリズムと蔑視、軽視していると民主制の根幹にかかわる表現・報道さえ制約されかねない。

司法の世界では、すでに中間領域の表現に対する保護の拒否は当たり前となり、〝本丸〟まで脅かされている。

一つの例を示そう。総合雑誌『世界』二〇〇〇年三月号に載ったフリーランサーの横田一氏による「地域の利権と癒着する農水省構造改善局」「不可解な公共事業の裏にひそむ疑惑を解明せよ」

と題する記事である。

記事は、農業関連予算をバックにした農水省構造改善局幹部と予算配分を受ける市町村との癒着を告発するもので、幹部が自治体から接待、付け届けを受けたりした実態がリアルに報道されている。

この記事が名誉毀損だとして、記事中に登場する群馬県新治村村長から横田記者と岩波書店が訴えられたのである。中心的な争点となったのは「●お祝い金疑惑」と小見出しのついた次の部分だった。

さらに取材を進めると、ワイロ疑惑も浮上してきた。一九九六年九月、M（構造改善局幹部、誌上では実名）氏が部長に昇進した際、新治村の有力者から数百万円のお祝い金が集められたという話が耳に入ってきたのである。

地元関係者によると、金集めがあったのは、M氏が部長に昇進する約一カ月前の一九九六年八月頃。複数の村の有力者に対し、村役場の課長が「日ごろ御世話になっている農水省幹部が昇進する。カンパをお願いしたい」と持ちかけ、その結果、数百万円の金が集まり、金を出した人には村長からお礼の言葉がかけられたというのだ。（中略）

しかも、農水省構造改善局は年間一兆円以上の農業土木予算を握り、その幹部が予算配分を受ける側の市町村関係者から巨額の金をもらっていたとすれば、ワイロと認定されても仕方がない。

記事はあくまでも伝聞として伝えており、村長がお礼を言ったことで推測される村長主導の金集め、集めた金の農水省幹部への提供、金の性格について断定はしていない。「幹部が予算配分を受ける側の市町村関係者から巨額の金をもらっていたとすれば」と仮定して、「ワイロと認定されても仕方ない」との見方を示しているに過ぎない。

この場合に、真実性を立証すべき対象は、このような伝聞の存在なのか、伝聞の中身自体なのかが一つの問題になる。判例(注9)では「噂によると」という前置きで伝えても、噂の中身の真実性を証明しなければ責任を免れ得ないことになっているが、判例を杓子定規にそのまますべての報道に適用すると、前述したように強制権限のないメディアは捜査機関の捜査を待つしかなく、調査報道など成り立たなくなってしまう。

それはともかく、記事は単なる噂に基づいているのではない。情報源はかつて新治村の助役を務めていた人物だった。

元助役は村役場課長の依頼で二〇〇万円のカンパに応じたこと、資金は農協から融資を受けたこと、村長からお礼を言われたことなどを記者に話し、金の出し入れが記入された預金通帳の写しも見せた。同氏は、埼玉県警の捜査官にも同様のことを供述しており、記者は事情聴取に同席した人物からその時の様子も聞いている。さらに元助役は東京地検特捜部あての上申書を民主党の国会議員に託した。法廷の証言でもこれら一切を認めたのである。

一審前橋地裁は二〇〇一年七月、原告である村長の慰謝料請求を棄却し、記者と岩波書店の全面勝訴判決を言い渡した。判決は記者が元助役から記事と同趣旨の話を聞いたことを認め、「元助役の地位に照らすと、記者が同人の発言を確度の高い情報として扱うことに合理性があるから、記事で摘示された事実については、その重要な部分について真実の証明があるか、記者が真実と信じるについて相当の理由があったというべきである」と明快だった。「お祝い金疑惑」という表現についても、意見ないし論評の表明として違法性を否定している。

ところが二審で逆転する。二〇〇二年二月、東京高裁は記者と岩波書店に二〇〇万円の慰謝料支払いを命じた。真実性も誤信相当性も否定したのである。

高裁判決は、記事の裏付けは元助役証言だけであり、その発言も揺れていると指摘して、まず真実性を否定した。続いて、「村の有力者が金を拠出した」ことについて、記者が助役証言を信じたのは相当な理由があるとしながらも、課長の要請であること、村長がお礼を述べたこと、金がM氏（判決では実名）に届けられたことについては真実性の証明も、誤信相当性の証明もないとしたのである。

元助役の発言が一時揺れたことは事実である。だが、それは記事が出た後に村議会で吊し上げのような目に遭った時であり、取材に応じた時はいささかの揺れもなかった。

記事が真実か否かは口頭弁論終結時の証拠で判断すべきだとされているから、裁判官が助役発言の一時的な揺れを重視して真実ではないとの心証を抱くことは、その妥当性はともかくとして事実としてはあり得る。

しかし、誤信相当性は報道時の証拠に基づいて判断するのが原則である。助役という村の最高幹部の一員だった人物が自分の経験として話したことに信頼性がある、と考えるのは一審判決の通りだろう。取材時には証言に揺れがなかったのだからなおさらだ。この状況では、信用性を否定するのなら、元助役発言といえども信用できない特別の理由を示すべきだが、それはなされていない。

二審の裁判官は、吊し上げに遭って揺れたことなど、取材時より後に現れた他の証拠も加味して得た元助役証言の真実性に関する心証をもとにして、過去の誤信相当性について判断したように見える。これでは誤信相当性理論の形骸化である。

(4)　公人の説明責任を否定

高裁判決には、さりげなく書き込まれているため読み過ごしそうだが極めて重要な部分が二カ所ある。ここでは民主社会におけるメディアの役割、表現の自由についての無理解が浮き彫りになっている。

「村長およびMは取材を拒否するに等しい対応をしており、裏付けが容易ではないことは推認に難くないものの、村長やMが取材に応じる義務を負うわけでもない以上、そのために、記者が記事に記述した事実が真実であると信じたことについて相当と認めることができるものでもない」

「Mについて、公務員として批判を免れない行為があることも窺うことができるものの、公にされる事実が犯罪又はその容疑である場合、公務員であるとの一事をもって、根拠の薄い事実を公にすることが許容されるものではなく、犯罪の嫌疑について捜査当局から得た情報を公にするか、又は自らの調査により犯罪が行われたと信じるに足りる裏付けを得た上で公表すべきで……」

いずれのフレーズも、表現の自由を狭め、公権力の監視、チェックを不可能にし、健全な民主社会の維持、発展を阻害する考え方であり、厳しく批判されるべきだ。報道に携わる人々が首をひねらざるを得ない判決の数々は、このような考え方のもとに出されるのだろう。

事実認定や誤信相当性判断などについて、木を見て森を見ない、あるいはジグソーパズルの一片々々をはめ込むことばかりに気を奪われ、全体の整合性が欠如している判決にしばしば遭遇する。職業裁判官のほとんどは広い世間に触れたことがなく社会的経験の不足から視野が狭いので、細部にこだわる〝虫の目〟しか持たず、全体を大きく把握できる〝鳥の目〟を持たないからである。

盆栽づくりで一本々々の枝を理論通りに整えた後、鉢から離れて眺めるとなにやらしっくりこないことがある。物事の理念、精神を正しく理解しないでマニュアル頼りの仕事をしていると、「個々の部分は正しいが全体としては間違っている」作品ができかねない。裁判も同じだと思う。「社会部長の職権濫用」「お祝い金疑惑」の記事をめぐるメディア敗訴は、そうした一例だろう。

『世界』の事件の一審、前橋地裁判決（二〇〇一年七月）は前述したように「元助役の地位にてらすと、記者が発言を確度の高い情報として扱うことに合理性があるから、真実の証明があるか、真実と信じるについて相当の理由があった」としていた。担当は弁護士から任官して間もない裁判官だった。世間の風に当たった経験が職業裁判官より豊富で、ものごとを総合的にとらえる〝鳥の目〟を持っていたからだろう。この裁判官には森が見えていたのである。

高裁判決の言う通りにしなければならないなら、メディアは捜査機関の広報係になってしまうのだが、なぜか最高裁は『世界』側の上告受理申し立てを退けたため二審判決が確定した。捜査機関に対してさえも監視、チェックの目を光らせることによって、不正、犯罪を明るみに出して行くのがメディアの使命である。むろん不十分な取材で一方的に断罪するのは許されないが、取材という任意的手法で証拠を集めるしかないメディアに一〇〇％の証拠を要求されたのでは使命を果たせない。

誤信相当性の理論は、メディアに完全な証明を義務づけたのでは国民の知る権利に応えられないからこそ導入された。その判断を極端に厳格にすると、導入した意味がなくなってしまう。ましてお祝い金疑惑の焦点にいるのは、選挙で選ばれた自治体の首長と国の行政を左右する高級官僚である。疑惑について選挙民、国民に説明する責任があるはずだ。それにもかかわらず、取材拒否したことを本人に不利な要素として考慮しない判決の論理は、民主社会における公人の在り方、選挙民、国民のために公人を監視、チェックするメディアの役割を無視している。

民主社会において、公務員や公的立場にいる人物には、自らの言動や、かけられた疑惑についてきちんと説明する責任がある。したがって、公人、公的人物は取材拒否による不利益を甘受すべきだ。公人らであっても取材拒否を被取材者の不利益要素とせず、誤信相当性を軽減しないことが、「黙っていれば逃げ切れる」「ひたすら否定しておいて万一、メディアが間違ったら逆襲する」という政治家などのメディア対応を生んでいる。そうした態度を取ることを助長する裁判所の判断は、民主社会における報道の役割に対する無理解に基づいている。

名誉毀損裁判に登場するメディアはほとんどが人権に対する加害者としてである。知る権利に奉仕することを本来的任務とするメディアは、他の場面では圧倒的に多くの場合、人権の擁護者であり、市民のパートナーだが、目の前の裁判にとらわれ、広い社会に目を向けない裁判官は、メディアをただ悪玉視する視点しか持ち得ない。社会に目を開き、民主社会の在り方、メディアの使命を考えれば、表現の自由と人格権を単純に同列におくことの誤りに気付くはずだ。

自由で活発な言論が保障されなければ社会の健全性は保たれない。「表現の自由の優越性」こそが民主社会を維持、発展させる基盤である。少なくとも公共的事項や公人、公的人物に関しては完全なる自由が保障されなければならない。

これに反して、いま裁判例の蓄積で進んでいるのは、人格権と表現の自由は等価値であって、人格権が侵害される場合には当然、表現の自由が制約されるという理解である。表現の自由に優越的価値が認められない以上、表現者の側はその行為の正当性を証明できない限り責任を免れ得ないことになる。

米国の判例では、公人が名誉毀損裁判で勝つには▽報道内容が虚偽であること▽報道機関が虚偽であると知っていたか、あるいは真実か否かを無視して報道したこと――を、公人の側で立証しなければならないとされている。この「現実的悪意」と呼ばれるルールは社会的に影響力のある公的人物に関しても適用され、公人、公的人物の批判に関しては結果的に誤りでもごく一部の例外を除いて免責される。さらに私人に関するものであっても公的関心事についての名誉毀損裁判では、真実性に関する立証責任は名誉毀損を主張する側にあるとされるに至った。

現実的悪意理論の根拠として、米連邦最高裁判決には「公的関心事に関する論争は、制約がなく、激しく、かつ広く開かれたものでなければならない」「自由な論争では誤った言論は不可避であり、表現の自由が息づく場所を持つために、そのような言論も保護されなければならない」と述べられている。名誉毀損が成立する範囲を限定することで、社会的問題に関する言論の萎縮や自己検閲を防ごうというのである。

裁判所は捜査当局の発表に依拠した報道では比較的容易に免責する。しかし、公人、公的人物の場合は公式捜査開始前の疑惑段階で報道することが多いため、メディア側が真実性、誤信相当性の立証に行き詰まることが少なくない。取材源秘匿の原則から情報源に証言を求めたり、詳細な取材経過を明らかにできないからである。お祝い金疑惑報道のように特別な事情があって情報源の証言を得られても、真実性、誤信相当性の判断を厳しくされると免責は得られない。

したがって、私人より厳しい批判にさらされなければならない公人ほど批判を免れやすい逆転現象が生じている。「政治家は社会的評価の低下の影響が大きいから報道は特に慎重でなければならない」と明言した判決さえある。政治家だからこそ厳しい監視、批判の対象であり、ここは「たとえ誤った批判であっても一定の範囲で甘受しなければならない」とすることが正しいのは言うまでもない。

最近では、誤信相当性の法理に疑問を呈する判決さえ出てきた。冒頭に紹介した女優の裁判の高裁判決は「わが国においては民事司法の実定法上の規定もないのに、過去の判例により国民の知る権利に対応するため報道するマスメディアに緩やかな免責法理が認められてきており」としている(注10)。誤審相当性の法理は正当な根拠がないと言わんばかりだ。

(5)　幻と化した公私格差論

裁判所が誤信相当性を肯定することに消極的なのは「社会部長の職権濫用」「お祝い金疑惑」が例外ではない。それと平行した慰謝料の高騰は、高騰それ自体のほか、高騰するに至った経過に問題があるばかりでなく、私人は救済されにくく公人は容易に批判を免れるという逆転現象を温存したままの高額化であることも大きな問題点であるが、ここではもう少し誤信相当性の問題を検証したい。

薬害エイズの報道をめぐって安部英・元帝京大副学長がフリーライターの櫻井良子さんらに慰謝料を求めた訴訟の東京高裁判決（二〇〇三年二月）は、報道機関がこれまで普通に行ってきた取材、報道の伝統的手法を揺るがす重大な内容である(注11)。

櫻井さん執筆の記事は、加熱製剤の開発が遅れていたミドリ十字のために、開発が先行していた他社の薬剤の治験を安部氏が遅らせ、そのために危険な非加熱製剤の使用停止が遅れ、エイズウイルスに感染しなくてもよかった多くの血友病患者にウイルスを感染させた、というものだった。櫻井さんは、「治験が遅れていると認識していた」「安部氏が治験絡みで製薬会社から金を集めているといううわさを聞いたので安部氏に注意した」と語る厚生省課長のインタビューテープ、エイズ問題に詳しい人物の著書、製薬会社などを訴えた患者ら原告団の資料など十数点の取材結果をもとにして書いた。

一審の東京地裁では櫻井さんが勝訴したが、東京高裁では逆転した。高裁判決は、櫻井さんが真実性、あるいは誤信相当性の根拠として示した個々の情報の信用性、真実性を一つひとつ個別に検討して否定し、「だから誤信相当性がない」と結論したのである。

そのなかには「治験開始が遅れていたことについては真実と信じる相当な理由があるが、そのことから開発が遅れていたと信じることには相当性がない」という認定部分もある。各社が一日も早く発売しようと競っているとき、せっかく開発した自社製品の治験をわざわざ遅らせることなどあり得るとは思えない。開発の遅れと治験の遅れは原因と結果の関係とみる方が自然だ。有機的関連を持つ両者を切り離して、別々に考えるのは極めて不合理である。

報道の現場ではたった一つの材料で真実と断定できることはまずあり得ない。最初に書いたように、任意手段に頼るしかない取材では、完璧な情報が得られることはむしろまれである。一つひとつはパーフェクトとはいえず、いわゆる灰色ではあっても、そうした情報が累積した場合には全体として信頼できると考え、報道に踏み切るのは日常の現場でしばしばみられることである。密行が原則で秘密の壁が厚い事件捜査に関する報道では特にその傾向が強い。

櫻井さんのケースのように、個々の情報がすべて真実でなければ報道してはいけないとなれば報道は成り立たない。記述が断定調であり、断定するからにはもっと確かな証拠をというのが裁判所の指摘だが、状況証拠の積み重ねによって判断するのはこれまで普通に行われてきた報道判断だった。もちろん、その状況証拠の厚さが問題とはいえ、個々の情報の真実証明がないから全体として誤信したのは誤り、という判決の判断からは「結果的に過ちだが誤信相当性あり」とされる事例を想定できない。

刑事事件では、東京・渋谷におけるネパール人による殺人事件、仙台の筋弛緩剤殺人事件など、直接証拠がなくても状況証拠の積み重ねによって有罪判決が出るようになってきた。合理的疑いの生じない極めて高度な真実性立証が求められる国家機関（検察）による訴追については立証責任を軽減し、他方でメディアの立証責任を軽減している誤信相当性法理を事実認定で形骸化するのは、報道の自由を危機に陥し入れる事態である。

櫻井さんの判決でも「製剤メーカーやエイズ問題に関わった学者たちが取材拒否したからといって、そのことが相当性判断を緩和させる要件にはならない」と明言している。

このような裁判例の展開を見ると、メディアが誤信相当性の法理で名誉毀損訴訟に勝つことはかなり難しくなっている。もちろん「真実と信じたのも無理はない」として報道側の主張を受け入れて免責した判決はあるが、重大な事件ほど裁判所は免責に慎重であり、メディア勝訴の事件は実質的には真実性の立証に成功していることが多い。

たとえば安部英氏と毎日新聞の間で争われ、一、二審とも毎日が勝った薬害エイズ問題の訴訟はこうである。

記事は、安部氏がミドリ十字のために加熱製剤の治験を遅らせ調整した、治験にからめて製薬会社に寄付を強要したという、櫻井さんの記事とほぼ同じ内容である。二審の東京高裁判決を読むと、薬害エイズの推移を客観的証拠によって確定したうえで一部の事実に関しては真実性を認め、「遅らせ調整」「寄付を強要」などの報道については「事実の支えがあるのでそう受け止めるのも理由がある」との趣旨の判断を示した。

「遅らせ」「強要」などは主観も混じる表現なので「真実か否か」の判断にはなじまない要素があるため、このような判断になったと思われるが、全体として真実と言い切っても良い事例だと考えられる。

中村正三郎元法相が共同通信を相手取った訴訟の東京地裁判決（二〇〇三年八月）はさらに明白だ。沖縄・石垣島で生命保険会社が始めたリゾート施設建設のための土地造成について、当時法相だった中村氏が法務省刑事局長に都市計画法違反として積極的に捜査するよう指示した、という記事である。中村氏が全株保有する会社が近くでホテルを経営しており、生命保険会社の施設ができると競争相手となる。局長への指示が事実なら私的利益のために法務大臣の指揮権を行使したと受け取られても仕方ない。

中村氏は指示した事実を否定して訴訟に持ち込んだが、法廷に提出された取材記録のコピーによると取材対象者は一人を除いて指示の存在を認めていた。否定したのは働きかけを直接受けたとされる刑事局長自身のみであり、まだ中村氏が法相だった時期の取材であることを考えれば、真実であっても否定するのは予想されたことである。だとすれば刑事局長の否定は信頼できない情報であり記事の真実性を認めても良さそうだが、判決は「誤信相当性あり」とするにとどまった。

『世界』の記事の対象は村長、農水省幹部というれっきとした公人である。裁判ではそのことが判断要素にされていない。櫻井さんのケースの安部氏は、公人とはいえないまでも、血友病の治療方針の決定に大きな影響力を行使し、エイズウイルスの感染広がりに責任があっただけに公的存在である。しかし、やはり裁判で、そのことは一顧だにされなかった。

同じ犯罪の疑惑でも、政治家や官僚のそれには「私人の犯罪」といってすまされないものがある。贈収賄が一例だ。ところが、『世界』の二審判決は「犯罪の嫌疑である以上、誤信相当性はいささかも緩和されない」旨を判示している。いまや公私格差論は単なる言葉の綾に過ぎず、幻と化した観がある。

公共性、公益性がしばしば否定されることも近年の特徴だ。「真実性、誤信相当性を調べるまでもない」と切り捨てられたケースもある。それらは芸能人、スポーツ関係者に関する週刊誌の記事であって社会的ニュースの報道ではないが、誤信相当性の法理を批判する判決まで出ている現状を見ると新聞も楽観はできない。

「わが国においては民事司法上の実定法上の規定もないのに、過去の判例により国民の知る権利に対応するため報道するマスメディアに緩やかな免責法理が認められてきており」と述べた有名女優を雪女などと揶揄した週刊誌に対する損害賠償訴訟の東京高裁判決（二〇〇一年七月）は、「だから虚偽報道や誤報に対する慰謝料を引き上げても国民の知る権利を脅かす危険性は少ない」と続く。しかし、この判決は原告が五〇〇万円で納得して控訴しなかった慰謝料額について「一〇〇〇万円でもいいくらいだ」とわざわざ指摘した。

「週刊誌だから」とか「新聞はそんなことはない」とタカをくくってはいられない。報道をめぐる訴訟の判決文からさえも「表現・報道の自由」に関する考察が消え去り、表面的な事実を免責条件に機械的に当てはめるだけの判決がほとんどになっているだけに、新聞記事についても公共性、公益性の認定ラインがさらに高くなる日はそう遠くはないだろう。

(6)　ついに出版差し止め

司法の姿勢がメディアに厳しくなってゆく中で懸念されたのが出版差し止めの命令だった。「司法は慰謝料高騰でメディアを懲らしめようとしている。いずれ表現・報道の自由の根本に切り込んでくるのではないか」との危惧が出版界に広がっていたが、その日は意外に早くやってきた。二〇〇四年三月一六日、東京地裁が『週刊文春』三月二五日号の出版を禁じる仮処分決定を出したのである。

有名政治家の後継者候補とも一部で言われる長女の離婚をめぐる記事だった。長女がプライバシー侵害を理由に申し立てた差し止めだが、地裁の決定には決定理由が書かれていない。単独審理による決定だった。

これまでも出版差し止めがなかったわけではない。しかし、公的性格の全くないスキャンダルだったり、芸能人の未公開の自宅などの私的情報を集めたいわゆる「追っかけマップ」だったり、プロスポーツ選手の著作権や肖像権を無視した「ただ乗り出版」だったりで、いわば表舞台の表現ではなかった。柳美里さんの小説「石に泳ぐ魚」の単行本化が差し止められたのは有名作家の芸術作品の出版が禁じられた点で例外だが、表現の苛烈さで賛否の議論が微妙に分かれた。週刊文春の場合はこれら過去の例とはかなり違った。

出版差し止めについては、表現・出版の自由や検閲禁止に反する可能性があるだけに、最高裁は「表現内容が真実でないか、公益目的の出版ではない事が明白で、差し止めないと重大で回復困難な損害を当事者に与える恐れがある場合に限り許される」（一九八六年六月一一日・北方ジャーナル事件最高裁大法廷判決＝最高裁民事判例集四〇巻四号）と厳重な枠を設けている。『週刊文春』の記事は、離婚というありふれた題材であり、戸籍の公式記録でも明らかになり、いずれ知れ渡る事項だけに法的に守るべきプライバシーと言い切れるかどうか微妙だった。仮にプライバシーとは言えても『週刊文春』の発売で、長女が回復困難で重大な損害を受けるとは思えない。

「表現の自由の侵害」と胸を張り声高に叫ぶことはためらわれる記事だが、単独で短時間に重大な決定をしたうえ理由も示さなかった担当裁判官の憲法感覚が疑われる。

文春側の異議申し立てを受けて東京地裁は三人の合議体で審理をやり直したが三日後に示された結論は変わらなかった。今度は詳細な決定理由が公表された。とはいえ、その内容は、記事の公共性、公益性を否定し、何が法的に保護されるべきプライバシーか詰めた議論をしないまま「記事はプライバシー侵害だから」と差し止めを容認していた。プライバシーという言葉の独り歩きを助長する危険性のあるものだった。

問題の記事は決して高くは評価できない。書かれた当事者の不快感も理解できるが、ほめられるような記事、歓迎される表現でなければ許されないのだろうか。そうではあるまい。

社会には多様な価値観があり、おまけに流動的である。表現・報道は一義的には評価できない。幅広い表現を受け入れないと、社会の変化や発展の芽を摘み取ってしまう。多くの人の目に触れさせ、耳に入れて判断してもらうのが原則だ。だからこそ、最高裁は差し止め許容を回復困難な重大な被害が予想されるなど例外的事例に絞った。

東京地裁合議体の決定は「プライバシーは侵害されると回復困難」としたが、問題は記事による離婚の暴露が回復困難で重大な被害かどうかだ。決定は、保護されるべきプライバシーについて「当事者が他人に知られたくないと感じている事項」とする主観説ではなく、「一般人を基準にして、他人に知られたくないと感じるのがもっともな事項」という客観説の立場をとった。ところが事実に当てはめる段階では「もっともな理由」をろくに説明せず、むしろ離婚の記事が常に重大な損害を生じさせるとまでは断定できないことを認めている。実質的には主観説にそった判断である。

書く側が書かれる側の気持ちに配慮し、人格権を尊重すべきなのはいうまでもない。しかし、主観説のプライバシー保護論は、人が自己に関する事実を秘匿し仮面で生活する権利を尊重する一方、その仮面のために社会の人々が受ける影響を無視、ないしは軽視する側面がある。その危険性を意識せず、司法判断の流れは主観説に傾いているのが現状だ。個人情報保護法も個人情報とプライバシーを区別していない。

政治家などもプライバシーを口実に自分に不利な報道を阻み、不正疑惑が浮かんでも説明拒否が多くなった。プライバシーという言葉が思考停止を招きがちでもある。

個人に関する情報の何が法的に保護されるべきか、裁判官や弁護士などの高みからの議論ではなく、情報の受け手でもある市民の意識も交えた徹底的議論が必要だ。その場合に大事なのは、「どのような表現なら許されるか」ではなく、「どんな表現に限っては許されないか」という視点である。

その視点を守ったのが文春の抗告を受けて地裁の決定を取り消した東京高裁である。三月三一日に出た決定では、記事の公共性、公益性は地裁同様に否定したが、「事前に差し止めなければならないほど回復困難で重大な被害が当事者に生じるとまでは言えない」との一点で文春側の主張を認めた。

基盤には表現の自由に対する深い理解がある。決定は「事前差し止めを認めるには慎重なうえにも慎重な対応が必要」だとし、その理由として、表現の自由が民主主義体制の存立と健全な発展のために最も尊重されなければならない権利であること、その権利は表現を受け取る側にとっても大事であることを指摘した。

当然の指摘である。表現の自由は憲法上、他の人権より優越的地位にあるとされるが、近年は報道をめぐる訴訟でも憲法を論じる判決、決定が珍しく、憲法にふれない方が多くなっている。

表現の自由と名誉・プライバシーの調整では憲法感覚、バランス感覚が重要な意味を持つ。理由も示さず差し止めた地裁の原決定、「回復困難で重大な被害」の発生に疑問を示しながらも原審を支持した異議申し立て審の合議体決定と高裁決定では、憲法感覚に大きな開きがある。さらに残念なのは、閉じられた裁判所という世界で暮らし、社会的経験に乏しいからだろうか、優れた平衡感覚の裁判官は必ずしも多くないことだ。

原審はわずかな時間の考慮で、しかも単独審理で言論に対する死刑宣告に近い出版禁止命令を出した。〝一刀両断〟である。自らが出そうとしている決定の影響の大きさについて少しでも考えたのだろうか。裁判官はもっと謙虚で、自らの権力の大きさ、怖さを自戒するべきだ。

『週刊文春』の記事がプライバシー侵害だとしても、表現の事前差し止めの持つ意味の重大性、表現による被害の程度などを考慮すると事後の損害賠償訴訟で解決するのが妥当だ。差し止め請求は戦術的にも失敗だった。差し止め決定でかえって社会の強い関心を集めてしまい、プライバシー保護には逆効果だった。高裁決定の後、長女の代理人弁護士が最高裁で争うことをやめ、賠償訴訟に切り替えたのはこの点に気づいたからであろう。

高裁決定を肝に銘じなければならないのは表現者の側も同じである。『週刊文春』の記事は盛り込む事実を限定し、当事者の名誉を傷つけるような表現を避けるなどそれなりの配慮をしているが、人権意識の高まりを背景に書く側と書かれる側および司法の感覚には大きな較差が生まれている。差し止めの取り消しで「表現の自由が瀬戸際で守られた」ことは歓迎できるが、「表現の自由が勝った」と浮かれてはいられない（地裁、高裁決定の骨子・要旨は二〇〇四年三月一九日付、四月一日付各紙朝刊）。

(7)　報道の原点に立って

自民党が「報道と人権等のあり方に関する検討会」報告書で、慰謝料の引き上げ、謝罪広告命令の活用を司法に求め、メディアには自主規制を要求する一方で規制立法をほのめかしたのは一九九九年八月だった(注12)。その後、国会で慰謝料引き上げを迫る公明党議員の質問が相次ぎ、これに呼応したかのように最高裁事務総局の誘導で慰謝料の判決認定額が高騰したのに続き、個人情報保護法と人権擁護法案には、官庁と各種業者による個人情報の悪用防止、官による人権侵害の救済という本来の狙いとは無関係なメディア規制が盛り込まれた。人権擁護法案は名古屋刑務所の受刑者に対する暴行死事件の発覚で法案の不備が明白になり廃案となったが、法務省は再提案を虎視眈々と狙っている(注13)。

政治と司法が同時にメディアに厳しい動きをしているのは単なる偶然で各個ばらばらなものなのだろうか。それとも何らかの連携があるのだろうか。いずれにしろ軌を一にしているのが不気味であり、表現の自由が危機に直面している。

この事態の背後に国民の人権意識の高まりがあることは間違いない。一部メディアの無責任な人権無視の報道姿勢を苦々しく見ている人が多いことも間違いない。これまで名誉毀損の慰謝料が低額過ぎたことにもあまり異論はなかろう。

私的な事柄を無理やり「公共的事項」とこじつけたリンチのような記事、公共的事項であっても揶揄的な表現で公益目的を疑わせる報道は日常茶飯事だ。公人であっても、ひとたび疑惑の対象になると、些細なことを針小棒大に取り上げ、水に落ちた犬を叩くように集中豪雨的な非難、中傷を浴びせるメディアもある。

暴走するメディアを前に、規制立法を策する側は市民的権利の擁護者を装い、司法も人権侵害の救済者をもって任じている。それが多くの市民の共感を呼んでいる。一部とはいえ現状を放置したまま「表現の自由」を叫んでもなかなか理解は得られない。

しかし、消毒された無味無毒の表現しか許容されない社会は健全とは言えない。米連邦最高裁判決が言うようにマスメディアの報道の中に一定の誤りが紛れ込むことが許容されなければ、結果的に国民に必要な情報が十分伝わらなくなる。

本当に保護に値する表現を守るためには、保護に値する表現だけを保護するのではなく、その周辺の問題ある表現も一定の範囲で守らなければならないのである。そうでなければ「角を矯めて牛を殺す」結果になりかねない。その兆しがすでに見えている厳しい状況下でどのように取り組むべきか。示唆的な裁判例もある。一つは、民主党の岐阜県第一区総支部代表だった政治家と中日新聞との訴訟である。記事は二〇〇一年一月の岐阜市長選における選挙違反事件をめぐって第一区総支部が分裂状態になったことを報じたもので「ある市議は『代表は市長への個人的恨みから総支部を動かしている』と話す。」との記述がある。政治家は「個人的恨みからうんぬんは虚偽である」として慰謝料、謝罪広告を請求した。

最高裁判例は、「うわさによると」と前置きして報じても、真実性を立証しなければならないのはうわさの存在ではなく、うわさの中身である、としている。この判例が下敷きになり、「…の調べによると」「…さんによると」も原則として同じように扱われてきた。

しかし、岐阜地裁は二〇〇三年八月の判決で「このような場合は、ある市議の発言があったことが証明されればよい」とした。判決には次のように書いてある。

「民主政治の重要事項に関する情報については、市民に対する情報提供の重要性に鑑み、表現の自由、報道の自由がより尊重されるべきである。新聞等は、政治問題に携わる関係者の情報については、客観的事実にとどまらず、人柄や人格、その言動等についての社会的評価に及ぶ事項も報道でき、その場合の記事の真実性、または誤信相当性の判断は、こうした主観的、社会的な評価の性質上、直接立証することは困難であるから、そのような社会的評価が存在すること自体をもって足る」

民主社会における報道の役割をこれほど正しく理解した判決は近ごろまれである。

もう一つ注目したいのは、前述した共同通信の事件の判決で明らかになった記者の取材とその記録である。記者は多数の法務、検察関係者に取材した結果を、取材後直ちに、あるいは取材後間もない時期に一問一答形式、実名入りでパソコンに打ち込んで記録し、プリントアウトしたものを日付順に整理していた。この記録には、自分に有利な取材結果だけでなく、不都合な点、つまり大臣からの指示を否定する肝心の刑事局長の発言も省かずに記載されていた。

取材源を守るため、刑事局長を除く取材相手の名前や、発言内容から取材相手が特定されかねない部分を消したうえで、重要部分のコピーを証拠として提出したが、提出分だけで八五ページに及ぶ詳細な記録だった。

判決はこれを「記録にはそれなりに連続性、一貫性がある。記者側にとってかなり不都合な点も記述されているので、取材経過をそのつどありのままに記述したものであることをうかがわせる」と高く評価した。取材経過を述べた記者の証言は「具体性、迫真性、臨場感があって特に不自然、不合理な点もない」と判定して勝訴を言い渡したのである。

二つの事例は名誉毀損の責めを免れる王道はないことを物語る。「報道の自由」と胸を張るニュース素材を、足下をすくわれることのない慎重な取材活動で検証し、信頼性に自信の持てる情報をもとに組み立てて伝える、という当たり前の取材、報道姿勢を貫くしかない。

求められるのは慎重さだけではない。県議の滞納した税が徴収されないまま時効になったのは不正が行われたからではないか、と報じた内外タイムズの記事に関する東京高裁判決（二〇〇二年五月）では「積極果敢な報道」を評価している。「真実性が証明された事実を基礎にし、その経緯や周辺事実から推論した事実を表明した報道については、完全な真実性証明がなくても合理的な推論であれば、それを国民、政党、議会、あるいは司直の手で真相究明するよう訴えることは民主政治の維持のために許容されるべきである」としたのである（注14）。疑惑を疑惑として報道することはメディアの重要な使命であることを示している。この判決は最高裁でも維持された。

「報道の自由」は「報道の自由」を叫ぶだけでは守れない。名誉毀損を恐れるあまりいたずらに自粛しても守れない。慎重かつ果敢に挑戦する報道が報道の自由の幅を広げ、限界事例の表現を守ることにもつながる。

（注1）　詳細は拙著「最高裁が誘導した慰謝料の高騰」＝飯室勝彦他編著『包囲されたメディア』（現代書館）所収

（注2）判例タイムズ一〇七〇号
（注3）判例時報一七六〇号、判例タイムズ一〇七〇号
（注4）一九六六年六月二三日　最高裁第一小法廷　最高裁民事判例集二〇巻五号、判例時報四五三号
（注5）一九七二年一月一六日　最高裁第一小法廷　最高裁民事判例集二六巻九号
（注6）二〇〇二年一月二九日　最高裁第三小法廷　最高裁民事判例集五六巻一号、判例時報一七七八号、一七八五号
（注7）判例時報一八〇一号
（注8）判例時報一七五四号、一七七八号
（注9）一九六八年一月一八日　最高裁第一小法廷　最高裁刑事判例集二二巻一号
（注10）判例タイムズ一〇七〇号
（注11）判例時報一八四二号
（注12）前掲「最高裁が誘導した慰謝料の高騰」
（注13）拙著「人権バッジをつけた〝新警察〟の誕生」＝飯室勝彦他編著『包囲されたメディア』（現代書館）所収、田島泰彦、梓沢和幸編著『誰のための人権か』（日本評論社）、田島泰彦著『人権か表現の自由か』（日本評論社）
（注14）判例時報一七九八号

3　「配信の抗弁」否認で問われる事件報道

最高裁第三小法廷はいわゆる「ロス疑惑報道」訴訟に関する判決で、通信社による配信記事であることだけで名誉毀損における誤信相当事由を認めることを否定した。否認の理由は事件報道に対する批判的な認識であり、通信社の記事に頼らざるを得ない比較的小規模の新聞社、放送局などへの影響が懸念される。最高裁は「配信サービスの抗弁」という理論そのものは否定しなかったが、メディアは理論以前の問題として、事件報道のあり方一般、さらには事件記事の書き方の改革を迫られたといえよう。

(1)　下級審の判断枠組み

他人の名誉を傷つける報道であっても、報道された事実が公共的な事柄である、報道がもっぱら公益目的で行われた、報道内容が真実、という三条件が満たされると故意も過失もないとして免責される。仮に、真実でなくても、報道者が真実と信じるのも無理がない事情(誤信相当事由)がある場合は過失がないものとして責任を問われないことになっている。

「配信サービスの抗弁」は、このうち誤信相当事由に関するもので、「名声のある通信社の配信した記事を真実であると信じてそのまま報道した報道機関には、配信記事の文面上記事が不正確であると考えられる場合を除き、法律的には過失がない」とされる理論である。米国では一九三三年のレイン事件で初めて採用され、一八八八年のブラウン事件で確立したとされる(注1)。

その理由とされたのは、ローカル紙が独自の確認取材をすることは地理的、時間的にも経済的にも無理であり、確認を義務づけると地方紙は自己取材できるエリア外の記事を報道することが困難になり、合衆国憲法修正第一条(表現の自由)の趣旨に反する「自己検閲」をもたらす、というものである。

日本では、ロス疑惑報道訴訟で、被告の殺人、殺人未遂容疑などについて報じた通信社の配信記事が名誉毀損にあたるとされ、掲載した新聞社などが訴えられたことから訴訟の争点として浮上した。配信した通信社が補助参加して記事の真実性、誤信相当性について立証するとともに、新聞社は「配信サービスの抗弁」の主張を展開したのである。その結果、真実性が立証できなかった記事に関する掲載新聞社の誤信相当性について地裁、高裁の判断が分かれ、最高裁の判決が注目された。

地裁、高裁の判決は多数あり、論点も多岐にわたるが、配信サービスの抗弁を認めた場合、その部分の判決文は詳細に書かれ、反対に認めない場合の判決文は概して簡略、という共通性がある。以下、双方の判決における論点を田島泰彦教授の論考の助け(注2)も借りて整理する。なお、公刊物に登載されていないものが多いうえ、煩雑になるので具体的な判決の期日、担当裁判所などの明示は省略する。

〔認めた場合の論点〕

①　現在の報道システムにおける通信社の役割とメリット

配信を受けた側は配信記事の趣旨内容を原則として変更、修正できず、地方の新聞社等は裏付け取材や問い合わせをしないのが慣行である。このような報道体制により、物的、人的、経済的制約のある地方の報道機関も世界的、全国的事件等を報道でき、地方住民がそのような事件等を時期に遅れることなく知ることになる点で極めて社会的効用が高い。

②　配信記事の評価

国内、国外に多数の取材陣を配置し、人的物的な体制が整備された通信社であり、配信する記事の信頼性は高く評価されている。記事の正確性については通信社が専ら責任を負い、新聞社等は裏付け取材を要しないとの前提で運営されている。このような実態は通信社の効用に照らせば容認できる。

③　裏付け取材しない理由

配信記事に対する一般的な信頼性のほか、記者クラブに加盟していない、取材源が通信社から開示されないため不可能な場合がある、取材殺到で相手方の受ける迷惑への配慮、経済的、人的、地理的制約、迅速な報道の必要性、などである。これも通信社の効用に照らせば容認できるという文脈で述べられている。

④　報道機関の免責と被害者救済のあり方

記事を掲載した報道機関の責任を否定しても、被害者は配信した通信社の責任を追及できるので、被害者救済に欠けることはない。

⑤ 抗弁が認められる条件

定評ある通信社の配信であることのほか、記事に社会通念上、不合理な部分がないこと、信頼性を疑わせる矛盾など特別な要素がないこと、などに加え、掲載にあたり修正、加工をしていないことをあげる。

〔認めない場合の論点〕

① 信頼性への疑問

「名の通った通信社の配信というだけで真実と信じても無理はないとはいえない」という部分に力点がおかれるが、通信社は捜査当局と違い強制捜査力がないこと、大手新聞社でさえ誤報があることなど「必ずしも信頼できない」理由を詳細に説明したものがある。たとえば「取材体制が充実しているとはいえ、強制捜査権限を有しない民間の一通信社の取材結果にすぎない配信記事がすべて類型的に真実である蓋然性が高いとは言えないことは明らか」と述べた判決がある。

② 裏付け能力と責任の関係

掲載するか否かは新聞社等が自由に決定でき、見出し、要約、掲載方法を決定するのも新聞社等である。新聞社等は配信システムによって情報収集能力の飛躍的増大という多大な利益を得ているのであって、取材能力の有無は被害者の関知しないことであるから、当然、ある程度の裏付け取材をすべきであり、しなかった責任を負うべきである。「抗弁を認める余地があるとしても」

として、掲載しないという選択肢があることを特に指摘し、殺人容疑のような人の名誉にかかわる重大な記事については裏付け取材の能力のないことで免責されない、とした判決もある。

③　被害者との関係における責任

記事が掲載されたことによって被害者の名誉が毀損されたのであり、直接の加害者は報道機関である。被害者に対しては報道機関に賠償責任を負わせ、報道機関から通信社に求償させることが公平の理念に合致するとしたものもある。

④　報道に対する影響

まったく認めないわけではないが、認める場合でも、殺人容疑という重大な名誉毀損の恐れがある記事内容なので、それを防ぐ注意義務が優先する、としている。

⑤　特別事情

争いの対象になった記事が捜査当局の発表によるものではないことに特に着目した判決がある。たとえば、「配信記事の中に捜査当局の発表に基づくことが明示されていないような場合においては、警察等の捜査当局の公式発表と同程度の信頼性を配信記事におくことはできない」としたり、問題の記事がいわゆる特ダネで冒頭に「独自ダネ」との注意書きがあることを指摘し、このような記事については配信を受けた側の注意義務が一段と強まる、とした判決もある。

(2)　納得できる最高裁判決

これらの裁判例展開を受けて最高裁は二〇〇二年一月二九日の一連のロス疑惑報道判決の中で配信サービスの抗弁を認めなかった。一般原則を打ち出すことに控えめな最高裁らしく、理論そのものは否定せず当該報道に限っての判断という形になっているが、その根底にあるのは事件報道一般に対する批判的視点である。

しかし、判旨が事件報道に限られ、他の報道分野では是認される余地を残しているとはいえ、名誉毀損問題が起きるのはほとんどが事件報道である。その報道に対する評価が改まらない限り配信サービスの抗弁が現実に受け入れられる余地はあまりなさそうである。

最高裁はまず次のようにいう(注3)。

「今日までのわが国の現状に照らすと、少なくとも、本件配信記事のように社会の関心と興味をひく私人の犯罪行為やスキャンダルないしこれに関連する事実を内容とする分野における報道については、通信社からの配信を含めて、報道が過熱するあまり、取材に慎重さを欠いた事実でない報道がままみられるのであって、取材のための人的物的体制が整備され、一般的にはその報道内容に一定の信頼性を有しているとされる通信社からの配信記事であっても、わが国においては当該配信記事に摘示された事実の真実性について高い信頼性が確立しているということはできない」

そのうえで、通信社から配信を受けた記事であるとの一事をもってしては誤信相当性があるとはいえない、とした。

さらに、「仮に」として「その他の報道分野の記事については、配信サービスの抗弁、すなわち報道機関が定評ある通信社から配信された記事を実質的な変更を加えずに掲載した場合に、その掲載記事が他人の名誉を毀損するものであっても、配信記事の文面上一見してその内容が真実でないと分かる場合や掲載紙自身が誤報であると知っている場合等の事情がある場合を除き、当該他人に対する損害賠償義務を負わないとする法理を採用する余地があるとしても、私人の犯罪行為等に関する報道分野においては、そのような法理を認め得るための配信記事の信頼性に関する定評という一つの重要な前提が欠けている」と念を押したのである。

最高裁は、通信社の役割やメリット、地方の報道機関の体制、とりわけ配信記事の裏付けを取る能力の有無など下級審判決が触れた多様な論点は一切取り上げなかった。しかし、配信記事の信頼性そのものはこれらの要素で左右されるものではなく、あくまでも日常の報道活動の実績の積み重ねの上で生まれる客観的評価であり、配信サービスの抗弁を是認するための大前提はあくまでも信頼性である。つまり「通信社の配信原稿は一般的に信頼できる」という評価が確立していてこそ「例外的場合まで警戒して裏付け取材する義務はない」となる。

そうである以上、前提を欠いていると判断すれば通信社の機能その他の論点に踏み込まないのは当然だろう。そして「現状に照らすと、通信社の配信記事であるという一事のみでは、信頼してもやむを得ないとはいえない」という最高裁の結論は、報道の現場を知る者は納得できるのではないか。

確かに事件報道に対する最高裁のネガティブな評価には抵抗感がある。ロス疑惑のような特別な事件では過熱し、名誉毀損やプライバシー侵害問題を起こすこともあるが、それは全体のごく一部である。事件報道全般の信頼性を否定するかのような判決の文面には疑問が残る。

しかし、「通信社の配信だからというだけで信頼できるとはいえない」という判旨は、実態を見極めれば受け入れざるを得ない。とりわけ、通信社の取材布陣と一部重なる地域に取材記者を配置し、配信を受ける一方で自力でも取材しているため、配信記事をある程度検証できる立場の報道機関にいる者は、容易に納得できるだろう。通信社の記事を疑い、あるいは自力で検証して掲載せずにボツにすることは少なくないはずである。

報道に従事する者にとっては、通信社からの配信記事といえども、自社を含めた新聞社、テレビ局の報道と同じように信頼性には常に不安がつきまとう。現実に、通信社の記事が名誉毀損などで訴えられることもまれではない(注4)。捜査当局が極端に秘密主義で、それでいて重要な情報が非公式ルートで流出したり情報操作が行われる日本社会では、事件記事に含まれる情報は残念ながら玉石混淆である。そのことは、所属する報道機関の規模、所在地、活動エリアなどの違いにかかわらず報道に携わる者の一般的な共通認識になっている。事件報道に関する限り、少なくともロス疑惑の報道段階では配信サービスの抗弁を採用する前提が欠けている、という最高裁の判断を肯定せざるを得ない。

(3) 突きつけられた課題

最高裁判決を受け入れざるを得ないとはいえ、判決が今後の報道に影響を与えることは無視できない。実際に裏付け取材するかどうかは別にしても、裏付け取材をしないと責任を問われることがある恐れは報道にあたって大きなプレッシャーになるであろう。

特に影響を受けるのは、事件取材のスタッフを十分用意していないスポーツ新聞や、特定の県内など限られたエリアにしか記者を配置していない報道機関である。自社取材エリア以外のニュースに関する配信記事を自力で検証する能力がないので、個々の配信記事の信頼性を判断できないからである。

したがって、通信社の記事は原則として全面的に信用するかしないか、しかないが、抗弁を認めなかった下級審判決、最高裁判決に照らせば、公式発表であることが明らかな場合など真実性を疑う余地の少ない記事以外は、裏付け取材をしないで掲載すると名誉毀損に問われる恐れがある。そうなると、明らかに問題ないと分かる例外的記事以外は掲載をためらう萎縮現象が起きかねない。これでは国民の知る権利に応えなければならない報道機関としての使命を果たせない。

その結果として、取材力が十分あり、情報の裏付けを取りやすい報道機関がある大都市の住民と、取材力の乏しい報道機関しかない地域の住民との間の情報格差は広がる。

それを防ぐために田島教授は進むべき方向性を例示している(注5)。すなわち同教授は「配信サービスの抗弁を認めたうえで、例外的に真実性の確認が求められ、掲載責任が問われうる場面と範囲を広げるよう、抗弁の要件を厳格に構成していくか」、あるいは「掲載責任の是認を前提としつつも、確認義務を極めてルーズな形に緩和し、免責の範囲を広げていくか」、いずれかの方向で誤信相当性の考え方をさらに進めるべきだとしている。

同教授は抗弁の要件厳格化の例として「見出しを含め、配信記事の範囲内か否か」をチェックすることをあげており、下級審の判決の中には、配信サービスの抗弁を容認する一方で、記事の内容が社会通念上、不合理だったり、前後矛盾する内容である場合など、抗弁が容認されない留保をつけた例もある。だが、記事の見出しはそれ自体が独立して名誉毀損と評価され得るというのが判例(注6)であり、範囲内かどうかの判定に見出しを含めても抗弁の厳格化といえるか疑問だ。また通常、明らかに社会通念に反する記事は配信されないし、記事を執筆する際には矛盾する情報を切り捨てるので矛盾をはらんだ記事が配信されることは原則としてなく、この留保は配信サービスの抗弁に対する安全弁としてはほとんど意味がない。

何よりも、報道の現状をそのままにしておいて、配信記事に事前に目を通し、取捨選択の権利があるのにあえて掲載して名誉毀損を犯した直接加害者たる報道機関の多くが免責されるのでは、市民の納得を得られにくい。やはり、配信サービスの抗弁が是認されるためには、前提として抜本的な報道改革が必要である。

「抜本的改革」とは、一つは事件報道一般の改革であり、他は記事スタイルの変革である。前者は多くの論者により言い尽くされているのでここで多く語る必要はないだろう。集中豪雨的な過熱報道を控える、証拠に基づかない断定や行き過ぎた推測をしない、推定無罪の法理に留意して記事を執筆し、見出しを選択する、個人のプライバシーや名誉に十分配慮する、犯罪容疑を指摘したり批判、非難をする場合には可能な限り相手の反論を聞いてすでに入手している情報をチェックするなどである。一般的には報道機関各社が努力しているとはいえまだ緒についたばかりである。もっとピッチをあげ、「人権侵害の記事は例外」といえる状況を作り上げなければいつまでたっても配信の抗弁は認められず、情報の地域格差が広まる一方になるだろう。

もう一つの抜本的改革とは、通信社の配信する記事のスタイルを変えて、配信を受ける側が真偽を判断するための手がかりをもっと記事に盛り込むことである。

最高裁判決に従えば、裏付け取材する機会も能力もない報道機関の選択肢は、名誉毀損の責任を問われることを恐れて記事掲載を断念するか、責任を問われるリスクを覚悟して掲載するか、に限られる。前者を取ると知る権利に応えられず、後者だと名誉毀損情報の流布を容認することになりかねない。いずれにしろ報道機関の自己責任で決しなければならないのだから、通信社としては裏付け取材の必要性の有無を配信を受ける側が判断できるだけの手がかりを提供すべきだ。

通常、事件報道では情報源が明示されず、「調べによると」「関係者によると」などと報道の根拠はぼかされる。そうした慣行が根拠薄弱な記事の掲載を招いている面があり、重要な報道改革のテーマの一つである。

ただ、それでも自分の社の記者が執筆した記事の場合、記事の採否を決定する提稿部門の責任者はもとより、レイアウトを決めて見出しを付ける整理部門の責任者にも取材、執筆を担当した記者の顔が見えており、記事の信頼性を判断するのに役立つ一定の情報、たとえば記者の人柄、過去の実績、取材範囲などが分かっていることが多い。記事自体には判断材料がなくてもそれらで判断することもある程度は可能だ。

英米では、記者の署名入り記事が普通で、高名な記者の場合はその署名が信頼性の担保になる。

ところが、日本の通信社の配信記事はほとんど無署名で、配信を受ける側には記者の顔さえみえない。新聞社の原稿の場合と同様に、記事に信頼性を裏付ける根拠が書かれていることはまれである。真実らしいと受け止められるだけの情報が含まれていないと、裏付け取材の能力がない報道機関は大事をとってなるべく掲載しない方向へ傾きかねない。

結論だけでなく、その結論に結びつく情報を可能な限り詳細に説明したり、情報源をできる限り開示するなど記事の信頼性を担保する、言い換えれば「これなら真実だろう」と配信を受ける側に考えてもらえる情報を、記事に含ませるのである。それができない記事は極力、配信を避けるべきだ。事件報道全般を改善して信頼性を高める一方で、個々の記事中でも配信を受ける側に信頼してもらえるような情報を提供して行くことにより配信サービスの抗弁が是認される下地が生まれ、通信社の役割、メリットが再評価されるだろう。

政治記事では情報源の開示について一定の前進がみられる。「政府首脳」と表示すれば内閣官房長官、「自民党首脳」は「自民党幹事長」といった具合に、名前を明記しなくても情報源が分かる表記がなされている。事件記事でも、捜査当局の発表、独自に入手した情報、報道機関としての自前の調査など報道根拠を明示した記事が増えつつある。

読者を意識した記事の書き方、特に通信社では配信を受ける報道機関そのものを読者と認識した記事スタイルを追求することが、信頼される事件報道の確立につながるだろう。

その場合に、難関となるのは日本の情報環境である。捜査機関は公式発表をなるべく避け、重大、あるいは微妙な情報は秘匿する。開示する場合も、朝駆け、夜討ちなどの非公式取材に応える形で情報開示の責任をあいまいにし、情報源であることの明示を認めず、問題が起きると責任を報道機関に負わせるのが一般的だ。

特捜検察の捜査報道にしばしばみられるように、捜査当局が特定の事実を把握していることを非公式には認めたり、捜査当局の見方、方針を明らかにしても、公式情報としての報道を許容しないことが多い。「検察も把握している模様」「方針とみられる」などの表記になるのはこのためである。これでは記事を読む側が信頼性に不安を抱くのは無理もない。

小さな穴から漏れる水が大量に見え、勢いも強くなるように、情報開示が恣意的で不十分だと報道は過熱する。情報源明示、記事内容の根拠提示などのためには、捜査の透明化、捜査当局の責任明確化などを進め情報環境を改善しなければならない。報道の抜本的改革には情報公開、捜査透明化が不可欠であり、当局批判の視点なしにメディアを単純に悪玉視しても不毛である。

最高裁第二小法廷は二〇〇二年三月八日、別のロス疑惑訴訟の判決でやはり配信サービスの抗弁を否認したが、梶谷玄裁判官は抗弁容認の反対意見を書いている(注7)。

(注1)　手塚裕之「確認義務化は自己検閲を導く」新聞研究一九九五年六月号

浜田純一「通信社記事の掲載責任と報道の自由」東京大学社会情報研究所紀要五三号

(注2)　田島泰彦「名誉毀損判例の動向——配信記事の掲載責任などをめぐって」新聞研究一九九七年四月号・「配信記事掲載と名誉毀損」法律時報一九九七年三月号

(注3)　判例時報一七七八号　最高裁民事判例集五六巻一号

（注4） ロス疑惑報道に限っても共同通信社は一四件の記事について訴えられたという。丸山重威「実態見極めつつ責任論じよ」新聞研究一九九五年六月号

（注5） 前掲法律時報論文

（注6） 「クサイ貿易会社」事件東京高裁判決・一九八三年九月三〇日・判例タイムズ五一〇号、ロス疑惑「訴訟乱発」事件東京地裁判決・一九九一年一月一四日・判例時報一三七八号

（注7） 判例時報一七八五号

梶谷玄裁判官の反対意見は①配信の抗弁を否定されると地方紙は万一の責任を問われることを危惧して自己抑制してしまう②配信原稿の独自の裏付け取材を強いることは現実的ではないし、配信記事の真実性を確認することは物理的に不可能である③そうなると通信社の配信の利用を控えるようになり、報道が萎縮して、地方の読者の知る権利を侵害する④配信記事の掲載を控えるようになれば地方紙は通信社との契約を解除することになりかねず、また通信社は記事を掲載した報道機関の賠償金額の累計を負担することになるため巨額な負担を負わねばならない。これらは通信社の基盤を揺るがすのでそれを恐れて通信社側も報道を萎縮するおそれがあり、最終的には国民の知る権利を侵害する――などとしている。

4　所沢ダイオキシン汚染報道をめぐって

テレビ朝日による埼玉県所沢市産農作物のダイオキシン汚染報道の法的評価は、国民の健康、生命にかかわる情報の報道を左右する。二〇〇三年一〇月、テレビ朝日勝訴の一、二審判決を覆した最高裁判決にはそうした視点が全く欠けている。判決は細かな論点に目を奪われて問題を矮小化しており、調査報道を萎縮させるだろう。食中毒事件をめぐる情報公開の仕方を違法とした〝カイワレ大根訴訟〟の東京高裁判決とともに、行政側はデータ隠しの正当化に利用するに違いない。

しかし、日本のメディア関係者にこの最高裁判決を批判する資格が果たしてあるだろうか。テレ朝勝訴のさいたま地裁判決は、メディアが自分で守れなかった「報道の自由」を、公権力である司法に守ってもらう皮肉な構図だった。そこからは、木を見て森を見失いがちだったり、公権力の批判や攻撃に萎縮して事柄の本質を追求する努力を怠り、それがさらなる攻撃を招いているメディア状況が浮かび上がった。

(1)　農民を怒らせた「野菜汚染」の報道

問題の報道は、一九九九年二月一日、テレビ朝日の「ニュースステーション」で放送された「所沢ダイオキシン　農作物は安全か?」と題する特集番組である。当時、同市では産業廃棄物焼却施設からの排煙に含まれるダイオキシンによる農作物の汚染が疑われていたが、ＪＡ所沢市は農作物の調査データを公表しないでいた。

そうしたなかで民間の研究所による調査データを入手したテレビ朝日は、野菜などが高濃度の汚染を受けていることを明らかにして、ＪＲ所沢市を批判した。ところが、最高の濃度、三・八〇ピコグラムだった農作物は煎茶だったのに、番組で「葉っぱもの」と表現したため、映像に登場したホウレンソウであるとの誤解を生み、所沢産野菜の売れ行きが激減した。

ニュースステーションでは後に報道を検証する番組を放送し、キャスターの久米宏氏が「説明不足でホウレンソウの生産農家に大変迷惑をかけた」と陳謝したが、農民側の訂正放送要求には応じなかった。これに対して多数の農家が「虚偽の放送で所沢産野菜に対する信頼性が傷つけられ、農民の社会的評価が低下した」としてテレビ朝日とデータを提供した研究所に名誉毀損による損害賠償と謝罪広告を求めたのが本件訴訟である。

二〇〇一年五月一五日に言い渡されたさいたま地裁の判決は、放送が原告らの社会的評価を低下させたことは明らかとして名誉毀損の成立を認め、放送内容の一部に誤りがあることも指摘した。だが、放送の公共性、公益性を肯定したうえで「主要な部分は真実」として違法性を否定し、不法行為の成立を認めなかったのである。東京高裁も二〇〇二年二月二〇日、一審判決を支持して農民の控訴を棄却した(注1)。

一、二審判決に結論を導く過程で一貫して流れているのは「公共性の高い表現は手厚く保護されるべきだ」という姿勢である。それは真実性が立証されなければならない「主要な事実」とは何か、という基本的な争点設定と真実性の立証方法、キャスターの勘違い発言、映像の与える印象に関する判断などに端的に表れている。形式論理的に考えて違和感を抱く人もいるだろうが、本質的問題は何かと考えれば、優れた判決と分かる。

以下、多岐にわたる訴訟の争点から主要な三点に絞って検討する。

(2)「主要な事実」を大きくとらえた一審判決

裁判で最も問題になったのは三・八〇ピコグラムの汚染である。番組では久米氏とデータを提供した環境総合研究所の青山貞一所長が次のようなやり取りをしている(注2)。

「一グラムあたり〇・六四から三・八〇。この野菜とは、ホウレンソウと思っていいんですか?」「まあ、ホウレンソウ、メインですけれども、葉っぱものですね」「葉物野菜」「大根の、あの、根っこの方はありません。みんな葉っぱです」「全国が〇から〇・四三のところ、所沢の葉物は〇・六四から三・八。これ、どの程度ひどいんですか?」

これではホウレンソウ、仮に幅を見ても野菜の汚染が驚くべき高濃度だったとの印象を視聴者が受けるのは間違いない。だから野菜が売れなくなったのだが、実際には三・八〇の汚染は野菜ではなく煎茶だった。

周知の通り名誉毀損事件で違法性が阻却されるためには、指摘した事実の真実性を証明するか、指摘事実は真実ではなかったが真実と信じたのもやむを得ない事情、つまり誤信相当事由が存在したことを証明しなければならない。ただ、指摘事実のすべてが真実である必要はなく「主要な事実」が真実であればよいとされている。

放送では他の人物、機関などによる調査データには一切触れていない。したがって、放送だけに即して考えると、真実性が問題になるのは「環境総合研究所の調査によると所沢の野菜が三・八〇ピコもの汚染を受けていた」ということのはずである。

ところが、判決は争点設定で「環境総合研究所の調査によると」を切り捨て、「所沢の野菜が三・八〇ピコもの汚染を受けていた」だけを主たる事実として拾い出した。「環境総合研究所の調査であろうと他の調査であろうと、それによって消費者が抱く印象は変わらない」として、「環境総合研究所の調査によると」は主要な部分ではないとしたのである。

このような争点設定をすることによって、裁判の中で浮かび上がった宮田秀明摂南大学教授の調査による白菜の四・四二という数値を真実性証明の証拠として利用することが可能になった。訴訟で初めて登場した（少なくとも番組では紹介されていない）このデータにより「番組には真実性あり」とされ、テレビ朝日は免責されたのである。

判例によれば、誤信相当性は報道した時点で保有する資料で判断しなければならないが、真実性立証は訴訟の口頭弁論終結時に存在する資料でよいとされる。前者は認識の問題であるのに後者は客観的事実の問題だからである。これでは、報道時はあやふやな根拠しかなくても「結果として真実だった」として免責されることもあり得るので、確かな資料に基づかない推測報道を「イチかバチか」で行い、他人の名誉を傷つける行為が横行しかねない、とは言える。したがって、宮田データのような「後に入手した証拠」の援用に抵抗感のある人もいるだろう。

しかし、人の名誉と密接に関わり、傷ついた名誉の回復が容易ではない犯罪報道とは異なり、消費者の健康、生命にかかわる事実に関しては犯罪報道とはむしろ逆に「疑わしくは報道」が正しい。なぜなら完全な証明ができないからと報道を控えているうちに回復不可能な健康、生命の被害が生じてしまうおそれがあるからである。まして、大事なのは「だれが調べた」でも「証拠をどの時点で入手したか」でもなく、「指摘した事実が正しかったか」だ。そこに留意すれば、総体としての番組の真実性を認めて表現保護の幅を広げた判決には納得できよう。

判決における同じような姿勢は久米氏の勘違い発言の評価についても見られる。

前述の三・八〇ピコをめぐる久米氏の「どの程度ひどいんですか?」という質問に対して、青山氏がいったん「一〇倍」と答えた後、次のように続ける。

「日本の、平均の大気汚染に対して所沢のは四、五倍高いと思うんですけれども、日本がさらに諸外国より一〇倍高いんですけれども、所沢、やはり全国に比べて五倍から一〇倍高い……」

最初の「一〇倍」は野菜の汚染度と見られるが、青山氏は一転して大気汚染の話をしている。久米氏はそれに気付かず、こうつないだ。

「……世界的レベルから見ると、日本、全国が一〇倍高い。それより所沢が一〇倍高いってことは、世界的レベルから見ると所沢の野菜は、ダイオキシン濃度一〇〇倍高い、ってことですか?」

久米氏は青山氏が指摘した大気汚染濃度を野菜の汚染濃度と勘違いしていた。青山氏が「あの、一〇〇倍高いってこともないんですけれども、やはり、私たちがいままで調べた中では突出して高いですね」とフォローしたが必ずしも成功したとは言えない。

訴訟で原告・農民側は「視聴者は野菜の汚染が一〇〇倍と誤解する。野菜は一〇〇倍も汚染されていない。虚偽である」と主張したが、裁判所は退けた。「青山氏は『平均の大気汚染に対して』と明言しており、野菜のダイオキシン濃度の話と理解することは困難である」と認定し、大気汚染に関するデータをもとに「主要な部分については真実」としたのである。

会話の流れ、ベテランキャスターと研究者の話術の巧拙を考量すれば、青山氏の「平均の大気汚染に対して」という一言が視聴者にそれほど強い印象を残したとは思えない。「野菜のダイオキシン濃度の話と理解することは困難である」と言い切ることには疑問も残るが、警告報道の意義を重視しての結論であり評価できる。

第三はテレビ放送における視覚から受ける印象をどう評価するかである。

番組では青山氏が、ＷＨＯ（世界保健機関）が定めたダイオキシンの耐用一日摂取量を説明し、体重四〇キロの子どもが所沢産ホウレンソウを二〇グラム食べれば低い方の基準値を超えてしまう、と語った。このとき画面の説明板には「体重40ｋｇの子供　約10—40ｇでアウト」のあいまいで、かつ誤った表示があったが、判決は「青山氏は説明板の記載を引用しなかったし、説明板のわかりにくさ、青山氏が専門家であることからすれば、視聴者は青山発言に従って理解しただろうから、説明板の記載は放送の主たる部分を構成しない」とここでもテレビ朝日側の主張を認めた。

プロの巧みな話術と理解を助ける視覚への訴えはテレビ報道の大きなメリットである。二大特徴の効果を否定されることで結果的に許される表現の幅が広がるという本末転倒の結果になった。それはテレビの危うさを示すとも言えるが、公共性の高い表現を保護するために真実性立証のハードルを低くした、とも言える判決には共感できる。

特筆すべきはテレビ放送が視聴者に与える印象についての判断である。農民側は「個々の画面、発言だけでなく放送全体が与える印象が真実でなければならず、放送内容が名誉毀損かどうかも全体の印象で判断すべきだ」と主張したが、判決は「テレビ報道の印象を真実性の立証の対象とすると、立証事項の対象が極めて不明確となるし、報道を客観的な基準なく著しく規制することになり相当ではない」として農民側の主張を退けたのである。

(3)「主要な事実」を覆した最高裁判決

農民側の上告で争いの舞台は最高裁に移る。そして一審判決から二年半近くたった二〇〇三年一〇月一六日、最高裁第一小法廷は一、二審の判断をことごとく覆し、事件を東京高裁に差し戻した。最高裁判決（注3）の要点を上げると次のようになる。

「テレビ放送の視聴者は音声、映像により次々と提供される情報を瞬時に理解することを余儀なくされ、情報の意味内容を十分に検討したり再確認できない。したがって、当該報道番組により摘示された事実がどのようなものかは、番組の全体的構成、登場人物の発言内容、画面に表示されたフリップやテロップ等の文字情報を重視するのはもちろん、映像の内容、効果音、ナレーション等の映像および音声による情報の内容および放送内容全体から受ける印象等を総合的に考慮して判断すべきである」

「そうすると本件放送の主要事実は『ホウレンソウを中心とする所沢産の葉物野菜が全般的に高濃度の汚染状態にあり、その測定値は環境総合研究所の調査結果によれば〇・六四から三・八〇である』というべきだ」

「煎茶は葉物野菜とは言えず、環境総合研究所の調査結果によれば高濃度汚染は煎茶だったのから放送の主要事実が真実とは言えない」

「宮田教授が調査データを持つ白菜は『ホウレンソウを中心とする葉物野菜』とは言えないし、また採取した具体的場所も不明確な、しかもわずか一検体にすぎないから主要事実の真実性が証明されたとは言えない」

この最高裁判決には少なくとも三つの問題点がある。調査報道と呼ぶにはずさん過ぎる報道前の準備、キャスター、久米宏氏が後に番組で釈明したような不注意など、ニュースステーションの報道には批判されるべきことが多い。しかし、ジャーナリズム倫理の問題と報道の違法性の判断は厳格に分けて考えなければならない。

判決への疑問点の第一は、報道内容のうち、報道側が名誉毀損の責任を免れるために真実性を立証しなければならない主要事実を、「ホウレンソウを中心とする所沢産の葉物野菜が全般的に高濃度汚染の状態にある」ことだとした部分である。

原審は「重要なのは所沢産野菜の安全性」との見地から、放送後に明らかになった白菜の高濃度汚染データを証拠に真実性を認めたが、最高裁は「主要部分」の枠組をより厳格に変えたうえ白菜データの信頼性を否定して結論を逆転させた。これには首をひねらざるを得ない。

主要とされる部分は、報道されたテーマ、報道目的、関係者の地位、立場などによって異なり、本件のように国民の健康、生命にかかわる情報の報道については、報道の自由をなるべく広げる方向の枠組設定が望ましい。

煎茶は「ホウレンソウ」でも「葉物野菜」でもないが口に入る食品であることは間違いない。調査データを隠しているＪＡを批判し、食の安全を訴えるという報道目的を考えれば、主要部分を「所沢産農作物（あるいは野菜）の安全性」ととらえる方が適切である。農作物とすれば煎茶のデータだけで高濃度汚染が明白であり、野菜としても白菜のデータで真実性を認定できる。

矮小化された法的論理の森に分け入ると、視野が狭まり肝心の森が見えなくなる。この判決は木ばかりを見て、つまり名誉毀損の法理を構成する細かな論点に目を奪われ、最も大事な「食の安全」という森を見ない典型だろう。

問題の第二は「採取場所も不明、しかも一検体に過ぎない」として、白菜の測定結果は真実証明の根拠として不十分としたことだ。局所的汚染が周囲に広がるのが公害の特質であり、「所沢産の一検体」は採取場所が特定できなくても大きな意味を持つはずだ。

最高裁はまた、「当該報道番組の摘示事実がどのようなものであるかは……放送内容全体から受ける印象等を総合的に考慮して判断」すべきだとした。しかし、出演者の発言、テロップ、映像など具体的で明白な情報とは違い、視聴者の受ける印象は個人差が大きく、客観的な認識は極めて難しい。あいまいでとらえどころのない「印象」について真実性の立証責任を負わされると、メディアは一〇〇％確実なことしか伝えられず報道が萎縮する。

ここで想起されるのは、一九九六年七月、大阪府堺市で発生した、腸管出血性大腸菌Ｏ―１５７による大規模食中毒をめぐる国家賠償訴訟である。食中毒の原因を調査した専門家による「カイワレ大根が原因食材とは断定できないが、可能性も否定できない。特定の生産者が汚染源の可能性がある」というあいまいな内容の中間報告を、当時の厚生大臣が厚生省としてのコメントなしに発表した。これを機に消費者のカイワレ大根離れが急速に進み、生産、販売業者は大被害を受けたが、最終的には原因が必ずしもはっきりせず、〝冤罪〟の被害者となった業者が国賠訴訟を起こした。

一審の東京地裁は業者の請求を棄却したものの、東京高裁は二〇〇三年五月二一日「カイワレ大根一般が原因と疑われている」との印象を消費者に与えたとして発表方法が違法だと認定した(注4)。ダイオキシン訴訟で食品の安全性情報を報道した意義に何も言及しなかった最高裁とは違って、こちらは「原因が解明されない段階で食品製造業者の利益よりも消費者の利益を重視して講じられた、厚生省の初めての措置として歴史的意義を有し、国民一般からは歓迎すべきことである」として情報公開自体は高く評価している。しかし、印象を判断のポイントとするのは共通である。

このように客観的認識が困難な判断基準は、行政が情報を隠す絶好の口実として利用される。すでに警察は名誉毀損の恐れを理由にして事件の情報をあまり発表しなくなっている。良心的な情報保有者が「国民のために公表しよう」と考えても、リアクションや訴訟で責任を負わされる恐れのことを考えると控えるようになるだろう。その意味で、両判決は「少なくとも食品の安全性に関する情報は疑わしくは勇気を持って公開、報道」という原則に反すると言えよう。

(4)　公権力と対決しないメディア

当然ながら、報道が衝撃的であればあるほど、公共性が高ければ高いほど反響の広がりは大きい。テレビ朝日の放送後、ＪＡ所沢市は調査データを公表して安全を宣言、埼玉県も「安全性に問題はない」と表明するなど火消しに躍起となった。

放送は自民党の支持基盤である農民を直撃しただけに政治的波紋も大きかった。郵政省はテレビ朝日に放送内容とその根拠などをあれこれ問いただした。衆院逓信委員会はテレビ朝日社長らを参考人として招致して、一部の委員が吊るし上げのような質問を繰り返し、中川昭一農林水産相（当時）はテレビ朝日幹部を呼びつけたりして、農民への賠償支払いをしつこく迫った。

この放送を機に報道の公的規制論議が一気に高まったことは何よりも重大である。

自民党は「報道と人権等のあり方に関する検討会」を設置し、一九九九年八月には報告書を発表した。報告書は当面、報道機関の自主努力を見守るとしつつも将来の法的規制をにおわせ、名誉毀損の慰謝料額引き上げ、謝罪・反論文掲載命令の積極的運用を司法に要求する異例なものだった。

個人情報保護法制定の動きもスピードアップし、報道を規制の対象に加える方向が固まっていった。法務省の人権擁護推進審議会では、新しく設置する人権救済機関でいわゆる報道被害も扱う方針で審議が進んだ。新聞協会などの厳しい批判を受け、二〇〇一年五月に発表された答申では、報道機関が強制調査の対象から除かれたものの行政機関が報道に介入する基本図式は当初の狙い通り貫かれた（注5）。

問題なのは、これらの動きの背景を「報道に問題があるから」としか受け止めない傾向が報道機関の側にさえあることである。確かにニュースステーションには後述するように批判されても仕方ない部分があった。所沢野菜のダイオキシン汚染に関する放送を「文言をピックアップするとさほど問題はないが、映像と合わせて考えると限りなく誤報に近い」（山口俊一「報道と人権等のあり方に関する検討会」事務局長のマスコミ倫理懇談会東京例会における発言、一九九九年一〇月二八日）と受け止めている人は、メディアの関係者にも少なくない。

だが、公権力が報道を規制しようと考えるのは、そんなことよりも自分の急所をつかれたときである。自分のした、外交上問題の多い発言を次々報道で暴露された田中真紀子外相（当時）が「報道に対する法的措置」をほのめかしたり、自分に対する取材規制を国会に要求したのもその例である。

ダイオキシンによる環境と食物の汚染は何年も前から指摘されていたのに、政府は有効な手を打っていなかった。ニューステーションが狙われたのは、久米氏が政府・自民党にとってアキレス腱だったその問題を歯切れよく取り上げたからだ。

東京に近く交通の便がよいことから所沢には焼却施設が集中し、産業廃棄物が大量に運び込まれていた。現地は首都圏の野菜供給源であり、良心的農民は以前から対策を行政に迫っていた。

放送はここに切り込んだ。野菜だけでなく、土壌もドイツでは農業が規制されるほどの高い汚染度、かつてイタリアで起きた農薬工場の爆発後に農業が禁止された地域の汚染度を上回っている、所沢の大気汚染は日本の平均より五倍から一〇倍高い……などの衝撃的事実の指摘に反響が広がったのは当然だ。

その矛先は政府にも向かいかけた。特に重要なテーマは「出荷停止とその見返りとしての所得補償」だった。消費者が不安を訴えたため、汚染を心配しながらも補償制度がないため口をつぐんでいた農民も動き出した。農民のテレビ朝日に対する抗議は政府に対する怒りでもあった。

矛先をかわすためだろう、政府・自民党が取ったのが一定のダイオキシン対策を進めながらテレビ朝日を攻撃する策である。農水相が最も熱心だったのは自身が一番批判されるべき行政担当者だったからだ。

急所を突かれた公権力は報道側の弱みを捜して、そこに攻撃を集中する。沖縄返還交渉に関する密約公電暴露報道では密約の是非が「情を通じての情報入手」の是非にすり替えられた。テレビ朝日にも、キャスターが調査対象の作物をきちんと把握していなかったり、勘違い発言、誤解を招きやすい説明板など付け入られるスキがあった。「所沢ダイオキシン汚染問題」はかくして「ダイオキシン汚染報道問題」にすり替わった。

他のメディアがフォローアップすれば、放送のスキを埋め問題の変質を防げたのに、実際に起きたのはメディアによる変質の後押しだった。ペンタゴンペーパーズ事件、ウオーターゲート事件でメディアが連携して政府と闘った米国とは対照的に、「表現・報道の自由」の防衛で共闘しようとしない日本型ジャーナリズムの象徴的現象がここでも起こった。

新聞、テレビ、雑誌のニュースステーション攻撃を、いまさら詳細に紹介する必要はなかろう。放送を明らかな誤報と決めつけたり、所沢産野菜はシロと言い切った報道もある。新聞、テレビは、行政当局があわてて発表する低い濃度の調査データや安全宣言を無批判に伝え、事態の沈静化に協力した。

この時点でジャーナリズムとして求められたのは、テレビ朝日の放送をフォローし、行政の発表した数値を検証することだったはずだが、多くのメディアで実際に行われたのはニュースステーションの揚げ足取りだった。その結果として、メディアは裁判所に抜かれたのである。判決が三・八〇ピコグラムの汚染を真実と認定する証拠とした宮田教授の白菜に関するデータは、ほとんどの国民にとって初耳だった。

裁判所の特ダネはまだある。行政調査の数値が放送で公表された汚染データの一〇分の一から一五分の一と極端に低い理由を、一審判決は①ビニールトンネルの中で土の表面をビニールで覆ってダイオキシンを吸収しにくい条件で栽培された検体を②農作物がダイオキシンを吸収しにくい冬季に採取し③ダイオキシン抽出率の低い分析方法で検査したからだ、と認定している。

この二つの事実は判決前に報道されるべきことだった。もちろん「裁判所の特ダネ」は言葉の綾であり、テレビ朝日側が主張し証拠を出したから認定されたのだろうし、あるいは訴訟の途中で報道されたのかも知れないが、少なくとも視聴者に強く印象づける報道はなかった。ジャーナリズムの敗北と言ってもいい。

実は宮田データも行政データの低い理由も、現地では知る人ぞ知るだった。消費者運動をしている主婦、良心的農民などの間では「宮田教授の調査で四ピコが出たらしい」「行政の検体はビニールトンネルで栽培されたものだろう」と言われていたのだ。それを追跡取材し、きちんと報道して中川農水相らに反撃していれば、報道に対する公的規制の動きはもっと違った展開になっていただろう。

テレビ朝日以外のメディアは汚染の実態をほとんど追跡報道しようとせず、テレビ朝日もおそらく早くからつかんでいたであろう宮田データと行政調査の一種のトリックを、大きく報道することはできなかった。その背景には日本のジャーナリズムの病弊が潜んでいるように思われる。それは言葉に惑わされて二元論の呪縛から抜け出せないことである。

この報道をめぐっては「風評被害」という言葉が盛んに使われた。「根拠のないうわさによる被害」という意味だが、その言葉だけで報道の方向性が決まってしまった観がある。放送内容の正確さを検証しないまま、野菜の売れ行きが落ちたことを直ちに被害ととらえ、単に農民を被害者と位置づけた。自動的に、「風評」の震源であるテレビ朝日は敵役の加害者とされた。人権、被害者などの言葉でも時に同じ現象が起きる。人権擁護の言論、被害者の立場からの主張には反論したり批判したりしにくい雰囲気がある。「人権」「被害者の立場」と聞いただけでメディアは思考停止になってしまいがちだ。

確かに、これまで報道による人権侵害が頻発していたし、被害者は刑事司法でも報道でも軽視されてきた。人権尊重、被害者重視が、それを反省したうえでの目配りなら健全だが、「人権尊重か人権侵害か」「加害者か被害者か」という二者択一の思考をすると、ニュースの真髄に迫る迫力を失なう。被害者が感情の高ぶりから不用意に漏らした、近代刑事司法の原則を無視するような発言を大きく取り上げ、加害者と被害者の敵対関係をことさらあおり立てる報道さえある。

犯罪はもちろん社会のさまざまな出来事も、必ずしも二項対立式の構図ではない。大概は複雑な多重構造である。「加害者か被害者か」といった二元論は分かりやすくて大衆受けしやすいが、それにとらわれると真相を見失う。

所沢市産野菜のダイオキシン汚染報道をめぐっても同じ症状が露呈した。果たして、テレビが加害者で農民は被害者という単純な問題だったろうか。汚染をもたらした焼却業者、手をこまぬいていた行政の責任はどうなのか。汚染された野菜を食べさせられてきた消費者の立場はどうなるのか。焼却施設の経営者に用地を提供した農民も加害責任の一端を負うべきではないのか。

想定される論点を拾い上げれば複雑な多元方程式になる重層構造の問題である。良心的農民はそれが分かっていた。テレビ朝日に抗議しただけでなく、農協、市や県、農水相などに対策を迫ったのはそのためである。

しかし、多くのメディアは「テレビ朝日対農民」の図式しか描けなかった。この図式にとらわれると加害者役のテレビ朝日をもっぱら攻撃することになる。そこには消費者の視点も「報道の自由」の視点もなかった。

農民の損害賠償請求は、農水相の少なくとも精神的な後押しを受けていた点で、公権力による報道の自由への介入という面があった。その事実一つとっても団結して跳ね返すのがジャーナリズムの正しいあり方だ。まして国民の生命、健康にかかわる公共性の高い情報は「恐れ」に過ぎない段階でもきっちり報道しなければならない。

残念ながら、そのことを大部分のメディアは認識していなかったと言わざるを得ない。報道に深い理解を示した一、二審判決は、メディアが「表現・報道の自由」の矛先を向けるべき方向を示唆していると言えよう。

最高裁判決の段階になっても状況は変わらなかった。新聞社説のほとんどは、ニュースステーション批判と自戒ばかりで判決のもたらす影響には無警戒だった。「テレビ放送は全体の印象で判断」というテレビにとって致命的とも言える最高裁判決の内容に真正面から向き合った放送もなかった。

ニュースステーションの放送の後、ダイオキシン規制法が制定され所沢市の現場では産廃の焼却施設が撤去されて環境が大幅に改善された。第一小法廷の判決はこの功績に何ら触れることなく、単なる誤報事件のように処理している。ただ一人、泉徳治裁判官だけは農民勝訴の法廷意見に賛成しながらも、補足意見を書いてニュースステーションによる報道の意義を高く評価した。同裁判官はこの放送が規制立法の契機となったことを指摘して「それは所沢市の農民の利益擁護に貢献した面もある」「公害の源を摘発し、環境保全を訴える報道の重要性はあらためて強調するまでもない」として一面的見方で問題の報道を全否定することを戒めたのである。

もちろん、報道の結果、経済的損失を受けた農民は救済しなければならない。しかし、それは問題提起したメディアに押しつけるのではなく、ダイオキシン対策を怠って消費者に不安を与えた行政当局の責任であろう。ニュースステーションの報道には誤解を招きやすく批判されてもやむを得ない部分はあったが他のメディアが矛を向けるべきは行政だった。

日本のメディアはライバルの特ダネのアラ探しをしてその価値を下げようとすることがしばしばあるが、これでは読者、視聴者の負託に応えることができない。ニュースステーションの特ダネを泉裁判官のような視点で検証していれば、判決をもっと批判的に受け止めることができたはずだ。

（注1）　一審判決は公刊物未登載、要旨は二〇〇一年五月一五日各紙夕刊、二審判決は判例時報一七八二号

（注2）　放送内容の詳細は二〇〇一年五月一五日付朝日新聞朝刊

（注3）　最高裁民事判例集五七巻一〇号

（注4）　判例時報一八三五号

（注5）　賠償額は自民党の報告書通り高騰した。（詳細は前出、拙著「最高裁が誘導した慰謝料高騰」＝『包囲されたメディア』・現代書館・所収参照）　個人情報保護法はメディア規制部分に対する厳しい批判を受け、報道規制色を薄めた形で成立したが、審議会答申通りの法案が国会提出された人権擁護法案はほとんど審議されないまま廃案になった。

参考文献　横田一著『所沢ダイオキシン報道』（緑風出版）

5　毒入りカレー事件と司法のメディア観

テレビ放映を録画したテープの証拠採用は定着しつつあるものの、和歌山地裁の毒入りカレー事件裁判におけるテープの扱いは突出している。報道メディアを刑事裁判の枠組みに積極的に組み込もうとしており、判決の論理に従えば、メディアは捜査機関や裁判所の下請けのようになって、報道機関としての使命を果たせなくなる。裁判官としての節度を越え、饒舌と感じられるほど辛辣に報道を批判した判決は、ものごとを高みから見下ろす職業裁判官の性癖が露骨に表れている。

(1)　被告の供述場面を録画し申請

二〇〇二年一二月一一日に同地裁で死刑判決を受けたカレー事件の林真須美被告は、一九九八年一〇月に逮捕される前、テレビ各社のインタービューに応じて放送された。内容は、事件のあった同年七月二五日の昼間、その夜の自治会夏祭りで参加者に振る舞うカレーの調理に参加せず、後に鍋などの見張りのために調理場所へ行ったときの雰囲気などを語ったものである。

「午前中来ないで何で今頃来たのかとか、何もすることないぜとか、そういう雰囲気だった」「中心人物が味付けも全部こなしちゃって、入っていける雰囲気じゃなかった」……など他の主婦たちからの疎外感を示す発言が記録されている。

カレー事件の捜査は物証が少なく難航し、犯行動機も被告が逮捕後、黙秘を続けたため不明確だった。そこで検察はテレビインタビューに着目、「他の自治会員から冷たくされて激高し、腹いせにカレーにヒ素を混ぜた」と主張して八つの番組のビデオテープを証拠申請した。和歌山県警がテレビ放送を録画し編集したものだった。

テレビ放送が録画され証拠とされた例は少なくないが、過去の事例の録画画面は犯罪行為そのものや犯罪現場という客観的事実だった。和歌山の場合は、それとは違って被告の供述内容であり、しかも訴追側に有利な部分だけを抜粋して編集したテープという点で極めて異例な証拠申請だった。

このため、弁護側は①不正確な発言や誤った発言が記録された可能性がある②捜査機関の編集で内容がゆがめられている恐れがある③通常の供述調書のように本人の署名・押印もなく、黙秘権の告知も受けておらず、供述の任意性、信頼性がない――などとテープの証拠採用に反対した。

テレビ各局も「取材対象との信頼関係を損ねる」「報道の自由の侵害になる」「取材結果の報道目的外利用は認められない」などと抗議したが、捜査側がテレビ局の捜索、テープの押収といった法的手段を取っていないため、抗議には法手続きとしての意味はなく裁判所が法的な判断を示すことはなかった。これがメディアに裁判への積極的関与を促す判決文の下地になった。

(2) 六番組の一三分を採用

裁判所は二〇〇二年三月、録画テープの一部を証拠採用し、決定理由(注1)を公表した。決定では「報道機関は憲法二一条で保障された報道の自由を有し、報道のための取材の自由も同条の精神に照らし十分尊重に値する。しかし、報道、取材の自由も適正な刑事裁判実現のためには一定の制約を受ける場合がある」として博多駅テレビフィルム提出命令事件の最高裁決定(注2)を引用し、「報道内容が一定の合理的目的のために利用されることは、報道機関の判断で公にしたものである以上、報道機関が甘受すべきである」とした。

その上で決定は「映像編集の相当性(再現の正確性)についての証拠調べは必ずしも報道関係者の尋問によらなくてもできる。尋問によらなくては判断できないのに尋問が不可能な場合は証拠申請を却下することが相当」と基本方針を明らかにした。

そして「証拠申請されたビデオは警察が編集したが、該当部分を抽出した機械的な編集で意図的ではない。内容も報道機関の編集意図が表れやすい再現映像などではなく、供述そのものが録画されている」と一般的に再現の正確性を肯定。さらに、被告に有利な事実が捨てられた可能性や供述に関する質問が不明な点などについては個々の映像ごとに検討し、音声だけで同時に被告の供述シーンが映っていなかったり、断片的で趣旨不明確な場面などを除く六番組計一三分のテープを証拠採用した。

普通ならこの段階で証拠採用をめぐる論議は終わるはずだったが、判決文（注3）に「報道結果のとらえ方」として「報道取材のあり方」とともに比較的長文の記述が含まれていたため、再び論議を巻き起こすことになった。

判決は最後に「犯罪報道のあり方」という柱をわざわざ設け、報道を厳しく批判して注文をつけるとともにビデオテープの証拠採用について見解を表明したのである。このような判決は、形式、内容ともにかつて例をみない。

この事件の報道について判決は「異常な取材が行われ……」「事件の被害者、遺族が口をそろえて、当時の報道取材のあり方に強い不満、不信感を述べているのは、まさに報道取材に問題があったことを現している」「そのような報道取材は、付近住民や事件関係者を異常な環境に追い込み、また精神的に疲弊させたことで、事案の真相解明を遅らしかねない要因にもなり得たのであって、事件の捜査、審理にも影響を及ぼしかねないものであった。この事件の取材、報道に問題が多かったことは間違いない」などと指摘している。

取材、報道に問題が多かったことは事実であり、さまざまな場面で議論されてきた。報道側も反省し、その後の改革の端緒となった。ただ、裁判所という公権力が作成する公的文書である判決で、報道側の弁明抜きに安易な報道非難をすることには疑問がある。異常とされた取材、報道の背後に国民の事件に関する強い関心があったことは否定できない。それはある程度、現地住民にも共通で、特に発覚当初は報道による事件解明に期待をかける雰囲気もあった。地域全体が取材にアレルギー反応を示していたかのようなメディア批判は必ずしも正確ではない。

だからといって、住宅街の道路や空き地に数百人の記者やカメラマンが長期間集まり、住民を質問攻めにしたりカメラを向けて追い回したあの取材が正当化される訳はない。住民に多大のストレスを加えた事実は重大な反省材料だが、取材する側にもそれなりの事情もある。裁判所による問答無用式の切り捨てはフェアではない。判決文で公式に批判する以上、報道側の事情やもっと幅広い住民の反応について証拠調べをするなど手順を踏むべきだった。

弾劾の前には当事者の弁明を聞くのが近代法の原則である。罰則適用の手続きではないとはいえ、井戸端会議とは違って司法による公的批判のもたらす影響は極めて大きいだけに、メディア側の弁明、反論を聞くことは欠かせなかったはずだ。「ジャーナリズム論＝メディア攻撃」と勘違いしている一部論者ならともかく、裁判所は適正手続きを踏んだうえで批判しなければ肝心の犯罪事実認定の説得力を失う。

(3)　突出した判決の論理

テープを証拠採用した理由のくだりも注目すべきものだった。判決は「(証拠採用に関し) 報道の分野から強い反発が寄せられているので一言するに……」と前置きして、「事案の重大性に加え、被告が黙秘し犯行動機に関する資料が極めて少なく、被告夫婦が (テレビの) インタビューに応じていたという例外的事情」を指摘して弁解した後、一転してここでも次のようなメディア批判を展開する。

「報道機関には、事実を報道することで、国家に対し適切に権力を行使するよう促す役割もあると考えられ、そのような観点からは、報道機関の作成した映像が刑事裁判で証拠となるべきことは報道機関としてのあり方と矛盾しないものと考える」

「報道機関が自ら重要な情報であるとして報道し、国民の多くが知っている情報を、なぜ真実の追究を目的とする刑事裁判において証拠としてはならないのか、理解に苦しむところである」

「報道機関が報道した映像が刑事裁判で証拠となることは、将来的に報道のための取材を制限することにつながるかを考えるに、むしろ、報道機関には、公にする目的で取材する以上は、裁判で証拠となることもあり得るという壁を乗り越えられるほど、被取材者に対して真摯な取材をすることが求められるのではないか」

「捜査機関が報道番組を録画したテープを証拠として採用する限り、その映像を作成した報道機関には、手続き的に不服を申し立てる機会がないことになる。したがって、今後、同様な事態が生じた場合には、直接、報道機関が所持しているマザーテープを証拠の対象とすることで、報道機関がその取材映像の採否の手続きに参加し得る方途も検討されるべきであろう」

一読して明らかなように、テープ採用に対する極めて積極的な姿勢が目立つ。一応、冒頭で「刑事裁判においては、捜査機関がその責任において一次情報から収集すべきであって、報道機関の取材結果に頼るようなことがあってはならないことはいうまでもない。……報道結果を刑事裁判において証拠として扱うことに慎重であるべきことは論を待たない」と検察にクギを刺した形になっているが、実質は単なる枕詞にすぎない。

テレビ局による取材結果の証拠採用のリーディングケースは一九六九年の博多駅テレビフィルム提出命令事件である。当時はフィルム撮影であり、付審判請求を審理する裁判所が未編集、未放映のシーンも含むニュース素材フィルムを押収した点で和歌山の事件とは若干、事情が違うが、最高裁は、取材・報道の自由を尊重すべきことを前提に、公正な裁判の実現のためには「ある程度の制約を受けることになってもやむを得ない」とした。いわば消極的認容である。

その後、日本テレビ事件(注4)では検察事務官による、ＴＢＳ事件(注5)では警察官による、未編集のマザーテープ（取材テープ）押収が容認されたが、犯罪の性質、態様、テープの証拠価値など取材結果を証拠にする必要性と、証拠利用によって取材の自由が妨げられ報道の自由が受ける影響の度合い等を慎重に比較衡量したうえで「やむを得ない」とする司法の慎重姿勢は、結論はともかくとして少なくとも決定文の文脈では維持された。

他方、博多駅事件の後、警察、検察は報道機関との法廷での対立を極力避けたいとの意図から、報道側からビデオテープを押収するのではなく放映画面を自ら録画して証拠として利用する手法を多用するようになった。和歌山の事件はその一例である。これらの証拠申請のうち却下されたのは、一九七二年三月決定の沖縄国会爆竹事件(東京地裁)、一九七三年四月の安保反対御堂筋事件（大阪地裁）などごく少数で、ほとんどが採用されているが、和歌山のようにテープを証拠とすることに積極的な意義付けをしたばかりでなく、マザーテープについてまで言及した例は見あたらない(注6)。

過去の例は証拠採用を報道の自由と矛盾すると一応とらえ、それでも報道機関は「受忍」すべきだとしている。これに対し、和歌山判決では取材・報道結果の証拠利用を報道との矛盾ではなく報道の目的に合致するものととらえ、報道機関にむしろそのことを意識して取材せよ、とまで言っている。報道側としては到底見過ごせない突出ぶりである。たとえ報道済みの情報であっても、報道が刑事訴追に直接、利用されれば報道機関は情報源、さらには国民一般の信頼を失うからである。

(4) 信頼失い情報源が枯渇

判決の特徴は、報道機関側の論理をすり替えたり、問題を矮小化していることである。ビデオテープの証拠採用を正当化するための論点、課題設定になっており、白紙の状態で取材、報道の自由について検討する公平な手法ではない。

報道目的で入手した情報を報道以外の目的で利用しないことは、秘匿すべき取材源をあくまで守ることと並んでジャーナリズムの最も重視する倫理である。

強制力を持たない報道機関の情報収集は情報源との信頼関係に基づいて行われる。相手側は、報道目的以外に利用されないことを信頼し、報道のために情報を提供するのである。その情報が刑事訴追など報道目的以外にも流用されるようになると、メディアと情報保持者との信頼関係は成立しなくなる。たとえ報道済みの情報であっても、報道が刑事訴追に直接、利用されれば報道機関は情報源の信頼を失う。結果として、将来、情報が提供されなくなって報道機関の情報源は枯渇し、国民の知る権利が損なわれる恐れが大きいのである。

この場合に注意しなければならないのは、争われている証拠そのものの提供者との信頼関係の崩壊の懸念があるだけではなく、将来、情報提供者になるかもしれない情報保有者一般との信頼関係の崩壊、それによる情報源枯渇の一般的恐れがあることだ。

テレビ各社が証拠採用に反対した主たる理由は、この取材結果の目的外利用禁止という倫理だったのに対し、判決はこの点には正面から答えず、報道の使命＝権力監視論を逆手にとってテープ採用を正当化した。「適切な権力行使を促す」というフレーズを、報道の自由を尊重する文脈ではなく反対に制限するために使ったのは、論理のすり替えである。

確かに、権力を監視、チェックして適正な行使を促すのは報道機関の最も重要な役割の一つである。だが、それはあくまでも報道することによって果たすべきであって、警察や裁判所に協力したりバックアップしたりすることによってではない。とりわけ事件に関しては、捜査の露払いのような取材、報道は戒めなければならず、「ペンを持ったお巡りさん」は悪しき報道記者のイメージである。

報道機関の取材は、刑事訴追を目的とし、法的強制力を用いて、あるいは背景にして行われる警察や検察、それに裁判所の証拠収集とは目的も手段も異なる。権力チェックの美名の下に司法に奉仕させられることで報道が受ける悪影響は計り知れない。それは報道の衰退となって国民にツケが回るだろう。

判決はまた、報道機関に対して、取材結果、報道内容の司法利用を前提に司法の要求する条件に合致した取材をするよう要求したり、「直接、報道機関が所持しているマザーテープを証拠の対象とする」ことを検討すべきだ、としている。

ここで言うマザーテープとは、放送に使った編集済みテープなのか、未放映の部分も含む未編集の取材テープなのか不明だが、たとえ編集済みテープでも証拠採用は報道目的外の利用であることに変わりはない。まして、未編集テープは取材メモと同じ性質を持つ。取材源秘匿の倫理とも絡み、その内容を決して公開しないものであることに照らせば取材メモと同じように外部に出さないのがジャーナリズムの鉄則だ。

報道機関が手続き的に不服を申し立てる機会を確保するためとしてマザーテープを証拠にする方法を提案した判決の論理は、報道機関側の不服を逆手に取り、報道側の立場に配慮するかのようにみせて、実際は取材、報道の自由をより強く侵害する論理と言わざるを得ない。

前段の証拠採用正当化論は「真実の追究」という響きのいい言葉で報道機関を裁判の土俵に引きずり出そうとし、後段のマザーテープ利用論は抵抗する報道機関を「無理やり土俵に引きずりあげるぞ」と恫喝するようなものである。いずれも、報道が警察や検察、裁判所の下請けになるのは当然であり、司法の前にはあらゆる価値が道を譲るべきだとする考え方が基盤になっている。

(5)　職業裁判官が陥る仮想現実

判決の姿勢の根底にあるのは司法を何ものにも優先させる考え方であり、キャリア裁判官の多くが陥る法律専門家特有の仮想現実の社会、幻とも言える刑事裁判における実体的真実論と無関係ではない。

日本の裁判官のほとんどは二〇歳代で任官して、裁判官としての職業経験しかない人たちである。その仕事ぶりはレストランのコックと客にたとえられる。自ら材料を吟味して料理を作るのではなく、検察官や弁護士が作った料理を高い位置にある裁判官席で味見する日常だ。まれに自分で食材を集めることがあっても、法に支えられた強制力を使う。自ら食材を探したり調理したりして料理を作り上げる苦労を経験することはない。これでは社会を構成する人間に必要な豊かな想像力は育たない。

このような裁判官には、報道人にとっては具体的で現実感のある「取材源との信頼関係崩壊の恐れ」「情報源の枯渇の恐れ」は抽象的、非現実的で理解できないのである。

加えて実体的真実幻想がある。報道関係者は実体的真実を伝えるべく可能な限りの努力をしながらも、それには限界があり、伝えているのは報道が切り取った事実に過ぎないのではないかと、常に自重、自戒している。裁判における事実認定にも限界があり、分かるのはせいぜい裁判的真実だが、日本の刑事裁判は実体的真実を解明できるとの前提で行われている。

経験を評価されて昇給、昇格してゆく職業裁判官は、こうした雰囲気の中にいるうち「分からない」と言えば無能とみられるのではないかと不安になる。自然の成り行きとして入手可能な証拠は、そのことによって生じる弊害を無視しても集めようとする。いや、そもそも弊害そのものをあまり理解できない。裁判一筋、社会の多様性を知らないまま訴訟当事者から奉られているうちに、かくして司法権の遂行を最高の価値とするようになるのである。

ビデオテープの証拠採用に疑問さえ抱かず、批判に対して開き直ったかのような裁判官の心理を分析すれば、こんなところだろう。

さらに、高みからものを言う裁判官のメディア観は、証拠採用の部分以上に報道批判の部分によりくっきり表れている。表現は柔和だが内容的にはメディアを裁いたに等しい。

前述したように、この事件の取材、報道が過熱し、厳しく批判されても仕方ないものだったことには異論はない。多くの地元住民、被害者、遺族ら事件関係者に迷惑をかけ、不快感、苦しみを与えたことも事実だが、この裁判で裁かれているのはメディアではなく被告の林夫妻である。ましてメディアには見解表明の機会が与えられなかった。判決が報道批判の根拠とした被害者、遺族の報道に対する不満や不信感、住民、事件関係者が受けた迷惑をどのような証拠によって認定したかは明らかではないが、少なくともメディア関係者がこの問題で法廷に呼ばれた事実はない。

取材結果を報道目的以外に利用することが取材、報道の自由、国民の知る権利に与える影響についてきちんと検討せず、過熱取材を批判することで問題の焦点をぼけさせて録画テープの証拠採用を正当化したり、報道機関を司法に奉仕させようとするのは明らかに論理のすり替えである。この判決は、報道の自由と司法における真実追究の必要性との調整を図った博多駅事件判例を換骨奪胎するものと言わざるを得ない。

判決は証拠採用したビデオの内容、住民の証言などを検討して、検察が動機として主張した真須美被告の「激高」説を否定し、動機不明としたまま同被告に死刑を言い渡した。結果としてビデオが判決に与えた影響は大きくなかったと言える。

しかし、被告の供述ビデオが証拠採用された事実は重い。採用決定前、弁護団は「採否の決定に、国民の表現の自由や、それに奉仕すべき報道機関の存在理由がかかっている」として採用に反対した。決定後、関係するテレビ八社は連名で「報道の自由の重大な制約になりかねず極めて遺憾」との声明を発表した。

最高裁判例と違って地裁の決定、判決は他の事件についての判断を拘束しない。まして証拠決定は個々の事件によって判断条件が異なるが、判決は今後の取材、報道にボクシングにおけるボディブローのような影響を与えるだろう。

報道は権力との距離を保ちながら権力をウオッチしなければならない。報道素材として入手した資料が刑事裁判の証拠として積極的に利用されることは報道と権力が一体化することになる。繰り返すが、報道が司法に奉仕することは国民の報道に対する信頼を失わせ、取材に対する警戒感を募らせ、情報入手を困難にする。裁判の証拠として利用されることへの警戒から取材、報道が萎縮する可能性もある。

かくして対象への切り込みは鈍くなり、権力の適正行使を促す役割も十分達成できなくなる恐れが大きい。

(6) 教師として振る舞う裁判官

判決で注目すべきもう一つのポイントは訓戒である。「公にする目的で取材する以上は……被取材者に対して真摯な取材をすることが求められるのではなかろうか」という前述の文章は、テープの採用に反対するのは真摯な取材をしていないからという認識を前提としているかのように読める。証拠調べもなしにこんな認定をすることも適正手続き違反だが、そもそもこの記述は裁判官としての枠を超えてはいないだろうか。

裁判官は教師ではなく判定者である。取材、報道の違法性を判定するのは当然の職務だが、いつから取材のあり方を教え諭す権限や能力を持つようになったのだろう。

実は、これは毒入りカレー事件の判決に特有なことではなく、裁判官が法的判断以外でも頻繁に訓戒を垂れるのが司法の世界である。まだ若い裁判官が人生の大先輩である被告に偉そうな発言をする場面が法廷ではしばしば見られる。メディアに対しても、政治や行政に対しては過度に抑制的な権限行使しかしない一方で積極的に介入し、法律判断を越えて何かを教示したり、表現取締官や監督官のように振る舞う(注7)。和歌山判決は司法の一般的メディア観を反映したものと言える。

柳美里さんのデビュー小説「石に泳ぐ魚」の出版差し止め訴訟の二審判決(注8)は「小説を創作する際……モデルとの同定の可能性を排除することができないはずはない」と小説の書き方を教

えている。名誉毀損などで高額の慰謝料支払いを認めた判決の多くは表現内容、手法の蔑視、ないしは嫌悪感をベースに結論を出している(注9)。

慰謝料の急激な高騰化の裏には政治に対する司法の迎合がある。自民党の「報道と人権等のあり方に関する検討会」が一九九九年八月に出した「慰謝料が低額すぎる。裁判所をはじめとする司法関係者の努力と英断を望む」との報告書、さらに国会における特定政党の度重なる引き上げ要求に対して、最高裁事務総局の幹部が呼応するかのような答弁を繰り返したあげくに高騰化が定着した。本来、個々の事件の事情に応じて一人ひとりの裁判官が判断すべき慰謝料額の引き上げを、最高裁事務総局が誘導したことは事実経過から見て明らかである(注10)。メディア批判を背景に生まれた高額慰謝料判決の多くには、報道の役割についての積極的評価はおろか、表現・報道の自由に関する考慮もないまま否定的側面ばかりを強調するという共通点がある。

こうなった主因が報道の側にあることは言うまでもない。集団的過熱取材対策、第三者機関による取材、報道の再点検など改革の努力が重ねられているが、メディア間の意欲の差は大きい。それだけに一部論者の唱えるメディア悪玉論が読者、視聴者や裁判官の共感を得やすくなっている。

しかし、メディア内部にはもう一つ別の要因がある。新聞協会審査室の二〇〇二年紙面回顧で、北朝鮮について冷静に論じることや拉致被害者家族に迎合しない意見に対する批判をめぐって「メディアの内部からことさらのように『批判の声』に肩入れする報道がなされるのは情けない」という発言が出た(注11)ことに注目したい。

メディア報道の活発化は歓迎すべきだが、中には、自戒、相互批判の域を越えて、自己検閲や、他メディア差別の意識が潜むと感じられるものが少なくない。報道の自由の重要性をきちんと踏まえたうえで批判や自戒を伝えるのならまだしも、形式的に客観報道を装い価値中立的立場を守ることで、偏ったメディア批判に拍車がかかることもある。

報道の自由と倫理はコインの表裏のようなものである。倫理は守らなければならないが、報道の使命を考えれば、倫理にとらわれるあまり萎縮してはならない。市民の正当な評価と信頼を得るためには、犯罪報道だけでなくメディア報道にも見直しの余地があるのではないか。

（注1）二〇〇二年三月二三日付各紙朝刊
（注2）一九六九年一一月二六日最高裁大法廷決定　最高裁刑事判例集二三巻一一号　判例時報五七四号
（注3）判決要旨は二〇〇二年一二月一二日付各紙朝刊
（注4）一九八九年一月三〇日最高裁第二小法廷決定　判例時報一三〇〇号
（注5）一九九〇年七月九日最高裁第二小法廷決定　最高裁刑事判例集四四巻五号　判例時報一三五七号
（注6）フィルム、テープの証拠利用事例の詳細は「取材の自由と公的規制を考える―テレビ報道事例研究報告書」（日本民間放送連盟研究所）、『民放判例研究報告書』―概観と判例一覧」（同）
（注7）前出「裁判官は表現取締官になったのか」
（注8）二〇〇一年二月一五日東京高裁判決、判例時報一七四一号
（注9）詳細は前掲（注7）、および拙著「最高裁が誘導した慰謝料の高騰」＝飯室勝彦他編著『包囲されたメディア』（現代書館）所収

（注10）　前掲「最高裁が誘導した慰謝料の高騰」
（注11）　「新聞協会報」二〇〇三年一月一日号

Ⅲ　少年事件と報道の自由

1　少年事件と報道——少年法の理念と報道の使命

報道はとかく「自由」の観点から論じられることが多い。その自由はしばしば「する自由」という文脈でとらえられる。しかし、「報道する責任」「報道の使命」という角度からも考えなければ正しい報道の在り方に関する回答は得られない。その回答は、通常の成人による事件とは違う基準で報道に当たらざるを得ない少年の事件では特に難しい。

ここでは少年法について考える一つの材料として少年非行報道の実状、報道現場の悩みなどを報告する。ただし、社会一般では軽度の法律違反や秩序違反を非行と称すること、また犯罪という用語からはそれと全く逆の印象を抱きがちなことから、これから以降はそれらを総称する意味で原則として少年事件という用語を使う。

(1)　報道の基準

通常の事件

一口で言えば、国民の知る権利に応えるため、原則実名で可能な限り詳しく正確に報道する、といったところである。各社の報道マニュアル(注1)では原則も例外もかなり詳しく決めてある。例えば例外は、模倣されそうな犯罪は手口を書かない、書類送検の被疑者は特別な理由のない限り匿名、書かれる人の名誉を傷つけ、あるいはプライバシーを侵害する恐れがある場合は事実を伏せたりぼかすなどである。

少年の事件

成人の事件とは逆になる。少年法の理念である保護・育成、同法六一条の少年の身元推知報道の禁止、同法二二条の審判非公開のため、少年の氏名、写真などの身元を特定できる可能性のある情報は伏せなければならない。捜査当局も原則としてそれらのデータを公表しない。

禁じられているのは実名や顔写真の報道だけではなく、身元推知を可能にする情報の報道であるから、事件自体や周辺事実から身元が分かることのないよう事件全体もできるだけ抽象化することを求められる。「真実を伝える」という報道機関の使命には反するが、少年事件の特殊性からやむを得ない。

現行少年法の制定からしばらくの間、新聞は六一条を柔軟に考えており、実名報道もまれではなかった。しかし、報道関係者、最高裁家庭局、法務省人権擁護局の関係者などが話し合い、日本新聞協会が一九五八年に「少年法六一条の扱いの方針」を決めてから実名報道は次第に減り、一九七〇年代以降、協会加盟の新聞、テレビ局で実名報道したところはない。

新聞協会の方針では二〇歳未満の非行少年の氏名、写真などは掲載すべきではないことを確認のうえ、①逃走中で放火、殺人など凶悪な累犯が予想される場合②指名手配中の犯人捜査に協力する場合、など少年保護より社会的利益の擁護が優先する特殊な場合については例外とする、としている（注2）。

半面、重大な少年事件では読者の関心が成人の事件以上に強い。事件に照らして我が子のことを考えたり、親子関係、教育などについて教訓を得ようとする人が多いからである。このため、報道現場では法の理念と読者の欲求との狭間で悩んできた。とりわけ一九〇〇年代の後半から少年犯罪の凶悪化が指摘されるようになり、複数の殺人を犯した少年でも具体的人物像が国民に伝わらないことから被害者らを中心に一部で少年法に対して激しい攻撃が浴びせられた。

こうした社会的雰囲気を考慮したのか、警察庁は二〇〇三年一二月、凶悪事件の捜査手配では被疑者が少年でも写真や名前などを公表する方針に転換した。これにより、今後、警察発表に基づく実名報道が増えることになるだろう。

(2)　報道の実状

大きな事件ほど報道が活発になり、過剰、センセーショナルなどの批判を浴びる。一部の週刊誌の少年法批判キャンペーンなど特別の場合を除いて身元特定禁止は守られているが、重大事件では新聞、テレビでも少年の属性、周辺事実にかなり踏み込んだ報道がなされる。

身元特定禁止

前述したように、日本新聞協会加盟のメディアは実名が分かるような報道はしていないが、新聞協会とは無関係な特定の出版社がしばしば六一条を無視しているのはよく知られたところである。

一九九七年に起きた神戸の連続児童殺傷事件で一部週刊誌、写真週刊誌が当該少年の顔写真を掲載、一九九八年の堺市連続殺傷通り魔事件で実名と顔写真を報じた月刊誌があった。神戸の事件ではインターネットに少年の実名や顔写真も流された。いずれの事件についても最高裁家庭局長の抗議、日弁連会長の批判声明、法務省東京法務局長の警告などの措置がとられた。堺の事件では少年が出版社などに損害賠償を求めて提訴し、一九九九年六月、大阪地裁で二五〇万円の賠償を命ずる判決が出たが、二〇〇〇年二月の二審判決では逆転して少年が敗訴した(注3)。

愛知、岐阜、大阪の三府県で起きた少年による殺人、強盗殺人、傷害致死事件では実名に類似した仮名で報道した週刊誌を少年が訴えた(注4)。

実名か匿名かをめぐって報道関係者を悩ませた事件もある。一九八四年に愛媛県新居浜市で起きた小学生殺害事件の容疑者として一九九九年一月末、公訴時効完成の一週間前に三四歳の男が逮捕され自白した。男は犯行当時一九歳だったが、この犯行が発覚しないまま別の強盗致傷事件で七年間服役、さらに強姦事件を起こし、逮捕時は二度目の服役中だった。

少年法六一条の規定を字義通り忠実に解釈すれば匿名報道しなければならない。とはいえ、匿名の根拠とされる少年法の理念である「保護育成」「少年の可塑性」はこの事件には当てはまらないのではないかと議論が起きたが、結局、新聞は匿名報道だった(注5)。

身元推知報道禁止の緩和

報道により少年が「推知」されないためには、実名以外の住所、学校名などの情報も伝えないことが望ましいが、読者、視聴者が事件のことや教育、社会のあり方などについて考えたり、その上で政治や行政について判断し、あるいは注文を付けるために一定の具体的情報を知りたい事件はある。そのような事件では、少年の近くにいる人が少年を特定できる恐れがあってもかなりの関連情報を報道することになる。

神戸の事件は知り合いの小学生を殺し自分の通う学校の門前に遺体の一部を置いた異常な事件であり、家庭環境、地域、学校などがニュース価値に占める比重が重かったのでかなり詳しく報道された(注6)。他方、逮捕からしばらくの間は少年の年齢が紙面から消えた。取調中に誕生日を迎えて一五歳になることが分かっており、年齢表記が変わった日付から誕生日が割り出され少年が特定される可能性があることに配慮したのである。

一九八八年七月、東京・目黒で中学生が両親と祖母を惨殺した事件では、事件の異常さから社会に与えた衝撃も大きく、被害者名、少年の在籍する学校名、地域名などの報道が新聞によってまちまちになった。被害者が肉親で、その氏名に大きなニュース価値がある事件も悩ましい。被害者と加害者の関係はニュースの核心なので報道しないわけにはいかないが、被害者を実名にすると加害者が推知される恐れが大きい。それでもやむを得ず被害者を実名にすることがある。高名な英文学者が孫に殺された事件はその一例だが、少年の特定に結びつきやすいので異論もある(注7)。

審判非公開の理念

審判非公開とは審判廷を公開しないだけでなく、審判で明らかになった事実の開示で少年が特定されるのを避け、また少年の立ち直りが妨げられないようにしようということだろう。したがって、理念的には審判以外の捜査で分かったこと、報道機関の取材で判明したことも報道は抑制的であるべきだ。

しかし、この基本姿勢と「報道する責任」が対立するケースがある。すでに述べたように、少年事件の中には社会的に重大な意味を持ち、国民の関心が高いものがあるからである。

不用意な報道は少年にとって有害であるだけでなく社会に混乱を招きかねないこともあるが、審判非公開を理由に萎縮すると知る権利に奉仕する報道の責任が果たせない。六一条のような明確な基準がないので両者の調整は難しく、メディアにより、あるいは事件により大きなぶれが出るのが現状だ。

ぶれる理由はさまざまだが、まず最初に指摘しなければならないのはメディア特性の問題である。新聞、テレビのニュース番組は日々判明した事実を中心に一次情報の報道を基本にしている。社会面のいわゆる雑観記事などではセンショーナルで名誉毀損やプライバシー侵害の恐れのある記事も少なくないが、それなりに抑制する努力は続けられている。

これに対して週刊誌、月刊誌は発行間隔の関係で一次情報では新聞、テレビニュースに対抗できない。テレビのワイドショーも自社のニュースで扱わなかった素材で番組を構成しなければならない。このためインサイドストーリーで勝負せざるを得ず、報道される側の名誉を傷つけたりプライバシーに踏み込むことがままある。

刺激的な記事をすべて商業主義の産物と否定するのは誤りだが、激しい競争に勝つためインパクトの強さを狙って報道内容をエスカレートさせがちなことは事実である。少年の顔写真を報道するのはその一環だ。

第二に審判非公開規定の名宛人、あるいは射程の問題がある。「審判はこれを公開しない」という規定の文言からみて公開を禁止されているのは裁判官、付添人たる弁護士、家裁調査官などの審判に関与する人であって、メディアを対象にはしていない。メディアがこの規定を意識しなければならないのは六一条を持つ「少年法の理念」という媒介項を通じてである。

一方、ジャーナリズム論として考えると、報道機関は報道のために情報を入手するのであり、入手した情報は自分で死蔵せず、可能な限り報道して国民に提供するのが務めだ。こうしたジャーナリズムの立場、そして非公開規定の射程が直接は報道機関に及んでいない点は、実名以外の関連情報を詳しく報道する力として作用しがちである。

報道機関は、審判非公開の趣旨を「公表すれば少年の特定に結びついたり、少年の立ち直りに支障がある情報を報道してはならない」と理解して、報道が許される情報と許されない情報を選別する。ところが、「どんな情報が少年の立ち直りに有害か」は一義的ではない。これが第三の問題である。

神戸の連続児童殺傷事件では『文藝春秋』一九九八年三月号が逮捕された少年の検察官調書を原文のまま掲載して話題を呼んだ。最高裁家庭局長、東京法務局長の警告は、報道が少年法二二条（審判非公開）、少年法六一条（身元推知報道の禁止）の趣旨、少年法一条の理念（保護主義）に違反していると述べている。最高裁は抗議に先立って文藝春秋社に『文藝春秋』の発売中止を迫った。

しかし、記事では少年の氏名はもちろん被害者など関係者の氏名も伏せてあり、六一条に明らかに違反しているとは言えない。だからこそ最高裁は「趣旨」や「理念」という言葉を使ったのだろう。「このようなあいまいな理由で出版を中止させることは許されない」とする文春側が公開質問状で発売中止を求める根拠となる権限、とりわけ憲法的根拠の説明を求めたが、最高裁の説明はなかった（注8）。

調書報道を批判する弁護士などからもこの点について明確な説明がなく、報道のどこがいけないのか具体的指摘もなかった。最高裁の抗議、法務局長の警告にもそれらはなく、報道を支持する側との議論は「少年法の理念に反する」「国民にとって有益な情報」などと抽象的な水掛け論に終わった。

調書報道の波紋は大きく、読後の感想が文春側に多数伝えられたという。我が子のことが心配で記事を熱心に読んだ人の多くは「これは特殊な事件。一般化できない」と感じて安心したというのが実相である。少年期の心理、家庭における親子の関係について考えさせられたなどの感想もあり、報道を有害無益だと言い切ることはできない。

反対に問題が大きかったのは、『週刊現代』同年六月六日号に掲載された同じ神戸事件の少年の精神鑑定書主文の報道だった。同誌は「動機解明の手がかり」として報じたが、主文は断片的、抽象的な記述だけに、読みようによってはだれにでも当てはまる記述であり、多くの親たちが我が子に対する不安をかき立てられた。

少年の保護、情報の社会的価値、被害者感情など、事件と報道を考えるうえで浮かぶさまざまな要素のうちの何に重点を置くかによっても報道姿勢は変わってくる。通常の新聞、テレビニュースでは、これらの要素のバランスを図り、ぎりぎりの選択を迫られれば最終的には少年保護に重きを置くのが普通である。インサイドストーリーを重視する週刊誌などは反対に被害者感情などを前面に出して新聞、テレビが伝えない情報を積極的に拾い上げている。

米国のジャーナリストの「犯人の氏名を報道するのは地域住民を犯罪者から守るためだ。住民には知る権利がある」という発言を紹介することによって、当該少年の保護より一般論としての住民の利益を優先させるべきだ、と暗に主張した週刊誌もある。

事件処理の制度的枠組みから排除されてきた被害者に対するケアの問題としての情報開示も活発に論議されるようになった。

ところで、神戸事件の少年の調書コピーは複数の新聞社が入手しており、連載記事の中に明らかに調書からの引用とみられる記述が含まれている新聞もある。その新聞の社説は文春の調書報道を厳しく批判したが、記者は「自社の記事は直接掲載ではなく、必要最小限の引用だから」と正当化した。

読者に生の素材を提供するのが悪くて、自分が消化して与えるのは悪くないというのは大衆蔑視の思い上がりである。ジャーナリズム論として言えば、メディアが市民を高みから見下ろして与える情報をコントロールするのではなく、可能な限り（その限界を見極めるのが難しいのは確かだが）生情報を提供して読者に判断を任せるのが正しいあり方だと思う。

少年側からの情報発信

一九九八年二月、東京都江東区で中学三年の男子が拳銃を奪おうとしてパトロール中の警官をナイフで襲ってけがをさせ、強盗殺人未遂などの容疑で逮捕された。

少年の付添人は、少年の態度、供述などから殺意があったことに疑問を抱き、ストレスが原因の偶発的犯行として審判で争った。少年の供述などは弁護士から新聞記者に伝わり報道された。日ごろから少年が目立たないまじめな子どもであることを知っている地域住民らも少年が殺意まで持って警官を襲ったとは信じられず、有志が裁判所に上申書を出して少年の立ち直りへの協力を申し出た。

住民の申し出にも関わらず、裁判所は付添人の試験観察の提案を退けて少年院収容を決定した。付添人によると、裁判官は記者に対する付添人の情報開示に不快感を表明したという。

審判非公開、情報開示の制限は少年の立ち直りに支障が生じないようにとの配慮である。とすれば、少年の側からの情報発信、とりわけ立ち直りに有益な情報の発信は制限されるべきではないと考えられる。裁判官は法の理念を深く考えることをせず、単純に言葉を解釈しているだけのようにみえる。

(3)　報道混乱要因の分析

重大な少年事件が発生するたびに報道は混乱状態になる。新聞、テレビ、スポーツ新聞、雑誌などが入り乱れ、秩序ある取材も節度ある報道もますます難しくなっている。その原因も多様である。

雑誌参入の影響

少年事件に限らず事件報道一般の混乱に拍車をかけている要因として多メディア化による報道の多角化が指摘できる。一九八〇年代以降、週刊誌、月刊誌などが現在進行形の事件の報道に積極的に参入するようになった。二次情報が中心とはいえ、報道倫理に反したり名誉毀損の恐れがあって新聞、テレビのニュース部門が扱いにくい素材も意識的に取り上げることがある。テレビのワイドショー番組も同じようにニュース番組とは別の角度から事件に取り組んでいる。

一九〇〇年代の末期に改善の努力を重ねてきた新聞、テレビニュースの事件報道も、神戸のような未経験のショッキングな事件に直面するとしばしばタガが外れたり、雑誌の報道スタイルに引きずられる傾向も出てきた。

それでも新聞、テレビは善きにつけ悪しきにつけ最終的には記者たちが共通認識に基づく合意に達しやすい。横並びと言ってしまえばそれまでだが、日常、記者クラブで席を同じくして意思の疎通が保たれていることのメリットでもある。

他方、雑誌は、通常、記者や編集者が事件取材に不慣れで未熟である。新聞、テレビの報道記者との日常的交流もないので共通認識が生まれにくく、新聞、テレビと雑誌の間に共通の価値観、報道倫理を確立するのは極めて困難であり、全体としては無秩序になりやすい。

雑誌におけるフリーライター、フリーカメラマンの活躍も共通認識の確立を一層困難にする。座していても給料がもらえる企業内記者らと違って、注目される記事、写真を契約先に提供しないと存在価値が薄れる彼らの目には、大手メディアに所属する記者たちの人権への配慮、慎重さがしばしばぬるま湯につかった会社人間の怠惰、臆病と映る。

根本的違いは編集方針である。月決め購読のお陰で最低一カ月は読者が固定している一般の新聞は「人権への配慮」という建前を一応前面に打ち出す余裕がある。これに対して、固定読者が少ない雑誌は読者の目を引こうと記事も見出しも刺激的なものになりがちだ。表向きには「人権無視」とは言わないが、本音は「人権に気を遣っていては売れやしない」というところである。

名誉毀損の慰謝料をコストに折り込み済みであるかのように、度重なる敗訴でも編集方針が変わらないメディアもある。センセーショナリズム、売らんかな主義と攻撃されることが多いのはそのためだが、雑誌の編集者には彼らなりの論理がある。一九九八年一〇月、新聞、雑誌などの倫理問題担当者が集まって徳島市で開かれたマスコミ倫理全国大会で、和歌山市のヒ素入りカレー事件の報道をめぐって、新聞側が雑誌の人権侵害を批判すると、雑誌側が猛反発した。「新聞は事件の全容を伝えていない」「匿名や抽象的表現の多い新聞は報道の使命を果たしていない」「雑誌は人間を描くことで事件を伝えている」などと激論になった(注9)。

インターネットの危険性

急速に普及しているインターネットは、組織、資本がなくても大勢の人に情報を発信することが可能なメディアである。パソコンさえあれば、家庭にいながらマスメディアと同じような報道活動が個人でもできる。

それは、名誉毀損、プライバシーなどの法理に無知な、そしてプロフェショナルとしての最低限の抑制さえ期待できないマスメディアの登場を意味する。連続児童殺傷事件では、少年が逮捕された直後に特定のホームページで実名が流れ、そこにアクセスが殺到した。少年の顔写真を載せた写真週刊誌が書店などで販売停止になると、たちまちそのコピーが掲載された。

いくつかのホームページでは、少年法をめぐって感情的な議論が飛び交い、「人の命を奪った者は自分の命で償うのが当然」などと公式の場ではとうてい口にできないような意見があふれている。匿名性が特徴であるこのメディアが暴走する危険性は、新聞や雑誌などよりはるかに大きい。

(4) 少年法改正論議と報道

一九九三年に起きた山形県新庄市の明倫中事件、神戸の連続児童殺傷事件などを契機に「少年は甘やかされている」と主張する人が増え、二〇〇一年四月、少年審判への検察官立ち会いを認める、故意の犯罪で被害者を死亡させた一六歳以上の少年は原則として刑事処分とする、などの法改正が行われた。刑事罰の適用年齢は一六歳から一四歳に引き下げられた。これら少年法のいわゆる厳罰化と報道の関係に簡単に触れておこう。

利用された〝過剰〟報道

少年法を堅持しようとする人々の中には、報道が改正をあおり立てた、と苦々しく思っている人が少なくない。確かに、新聞などが少年事件を不用意に大きく報道することで凶悪化という印象を過度に強く社会に与えてしまったことは否定できない。それが少年法改正の口実に利用されたことは結果として事実である。

ただし、新聞、新聞社の考え方が打ち出されるのは基本的には社説である。在京紙のうちで検察官関与も刑事処分年齢引き下げも社説で積極的に支持したのは一紙だけである。大部分の新聞の社説では検察官関与は消極的賛成か静観、刑事処分年齢引き下げは反対ないしは懐疑的で、少なくとも慎重な研究、論議が必要との立場をとっていた。

ニュースページに少年法改正論者の発言、被害者の不満の声が大きく載ることはあっても、バランスを取るため反対意見も同時掲載しているのが普通だった。改正意見の紹介が改正論支持を意味しているわけではない。

これに対して雑誌の中には少年事件の凶悪化を強調し、改正を主張しているものがあるが、それを「マスコミは……」という一括りの表現で論評するのは間違いだ。個々のメディアの論調をきちんと分析しないと全体状況は正しく把握できないし、メディアを特定しての具体的な批判、論評でなければインパクトもない。マスコミ一般に対する形で批判を展開しても批判された側が真摯に受け止めることはない。矢は特定の的に向かって放たないと、だれもが他人事のような知らぬ顔をするだけである。

報道規制への疑問

少年事件の報道のあり方が問われるようになると、とりわけ神戸の事件や堺市の通り魔事件で少年の実名や顔写真が報道されるに及んで、六一条に罰則を追加すべきだとの声が一部で浮上した。具体的スケジュールにはなっていないが、報道規制にはまず第一に憲法との関係で疑問がある。

メディアには報道の自由があり、その自由は国民の知る権利に仕えるものである。一部に逸脱があるからといって安易には制約すべきでなく、まして刑事罰をもって規制するのは極めて慎重でなければならない(注10)。

戦後の改正で罰則が削除されたのは、ＧＨＱ（連合国軍総司令部）から「罰則は憲法二一条との関係で疑義がある」との示唆があり、報道機関の自主規制に期待することになったと言われる。罰則追加を検討するに当たっては報道の自由の憲法上の位置づけ、少年の実名報道を禁止することの意味を考え、少年事件と報道の実態に関して詳しく調査、分析したうえでの冷静な議論が欠かせない。感情論に寄りかかって安易な結論を出してはならない。

第二に、留意すべきは実名、顔写真の報道が少年法に対する批判として行われていることである(注11)。仮に「本音は売るため」だとしても建前は少年法批判であり、それに共鳴する人も多い。少年法を大事にする弁護士は同法への疑問に対してしばしば「少年法ではこうだから」と反論するが、これでは論理矛盾で答えにならない。まして刑罰の圧力で批判を封じ込めようとしても多くの国民の納得は得られない。

六一条違反の報道は〃確信犯〃のようなものである。なぜ少年の匿名性は守られなければならないのか、成人まで数カ月、しかも公開の法廷で成人と同じように裁かれている人物もなぜ報道では中学生と同じ扱いでなければならないのか、などについて事実と論理をもって素人にも理解できる説明がなされない限り、罰則を設けても報道の抑制には役立たないだろう。

さらに、罰則ができれば警察はこれまで以上に情報コントロールをするようになることが確実だ。人権意識の高まりに乗じて警察の匿名発表が増えている。名誉毀損防止、プライバシー擁護を口実にして、警察にとって都合の悪い情報、報道機関に触れたくない情報を隠すことも多くなっており、捜査のチェック、検証を困難にしている。罰則はこの傾向を助長するに違いない。

(5) おわりに

見落としてはならないのは、過剰、センセーショナルとされる報道の裏にある読者、視聴者の情報への欲求と少年事件手続きの閉鎖性に対する不満である。

社会的に反響を呼んだ事件でも、審判非公開を理由に詳しい内容は審判記録と裁判官、調査官などの記憶の中に閉じこめられる。被害者の家族が自分の子どもはどのように殺されたか知ることさえ難しい。少年法の再改正で被害者に審判記録の閲覧権が認められ、特別な事件では審判決定の要旨が発表されるようになったが、肝心な部分は要旨から削除されていることが多い。

過剰と言われる報道は人々のいらだちに乗じて行われる。これを「野次馬的興味」「のぞき見趣味」と決まり文句で切り捨てては何も解決しない。

少年法の理念、基本構造は今後も維持されなければならず、特別な意味のない実名、顔写真の報道は論外である。しかし、専門家ではないただの市民にも、子どもの成長や教育、しつけ、地域社会の在り方などを考えるために少年事件の情報を入手する権利がある。いま必要なのは報道を刑罰で押さえ込むのではなく、加害少年とともに被害者、その家族、事件をまじめに受け止める社会の第三者をも視野に入れて少年法制を洗い直し、情報公開のあり方、限界を見極めることである。

(注1)　公刊されているものとして共同通信社『記者ハンドブック』など

(注2)　森田宗一「少年犯罪『実名報道制限』の歴史と論理」＝『取材される側の権利』(日本評論社)一八一ページ以下。田島泰彦、新倉修『少年事件報道と法』(日本評論社)一四二ページ以下。

(注3)　一審判決は判例時報第一六七九号、二審判決は判例時報一七一〇号。なお、後出「通り魔判決に

見るジャーナリズム論と法律論」
（注4）後出「身元推知と仮名報道の限界」
（注5）一九九九年一月三〇日付各紙朝刊
（注6）前掲『少年事件報道と法』
（注7）拙著『社会部記者の事件記事考』（三一書房）一四一ページ以下
（注8）飯室勝彦、田島泰彦、渡辺眞次『新版　報道される側の人権』（明石書店）
（注9）マスコミ倫理懇談会全国協議会『マスコミ倫理』第四六八号
（注10）松井茂記「少年事件の実名報道は許されないか」＝前掲『少年事件報道と法』
（注11）「小誌はなぜ〝19歳少年〟を実名報道し顔写真を掲載したか」＝新潮45一九九八年三月号

2　通り魔判決に見るジャーナリズム論と法律論

大阪・堺市の通り魔事件(注1)を報道した雑誌「新潮45」に被疑者である少年（事件当時）の実名と顔写真が掲載されたことをめぐる損害賠償請求訴訟の判決は、大阪地裁(注2)と大阪高裁(注3)で結論も判断内容もまったく反対になった。

両判決に対する評価はともかく、請求を認めた地裁判決を検討して、逆転もあり得ると予想していた筆者としては、高裁判決に対する各紙の論評の厳しさは意外だった。弁護士、研究者らが法律文書である判決を「乱暴」「粗雑」といった非法律的、あるいは感情的言語で批判したり、社説にまで問題の報道に対する「ひとりよがりの正義感」「売れさえすればいいという考え」「露骨なセンセーショナリズム」などといった感覚的、情緒的論評(注4)がみられたからである。

それらの多くには新潮社系出版物への反発、さげすみの意識が強く反映しているように感じられた。半面、ジャーナリズム論と法律論を分離して、報道それ自体は批判している高裁判決の目配りを見落としているようにもみえた。ジャーナリズム論をそのまま高裁の法的論理への批判に援用していると読めるものもあった。

身元推知情報の報道を禁じた少年法六一条（注5）についてどのような解釈をとるにしろ、感情論のレベルでは議論が深まらない。冷静な法律論、ジャーナリズム論を導き出すきっかけになればと思い、ここで一、二審判決の構造を分析、比較し、若干のコメントをしたい。

(1) ジャーナリズム論としては実名を批判

高裁判決は、まず章を立て、さまざまな論点ピースを各ブロックへ慎重に割り振り全体を積み上げる、学者の論文のような構成にはなっていない。「問い」「答え」をあちこちに散りばめながら書き流している。そのため、一見「粗雑」な印象を受けるが、読み終わると必要な論点はどこかできちんと論じてある。これはベテラン裁判官に多い書き方である。

最初に、高裁判決はあの報道を肯定したり高く評価したわけではないということを押さえておく必要がある。

「実名がなくても記事内容の価値に変化があるとは思われず、事件の本質が隠されてしまうとも考えられない」「顔写真を掲載しなくても記事の価値に変化が生じるとは解されず、掲載の必要性については疑問を感じざるを得ない」「本件記事は少年法六一条に明らかに違反し、社会的に相当ではない」――このような趣旨の判断を示して、ジャーナリズム論としては批判している。その意味では、判決後に新潮社側が見せた勝ち誇ったような反応は、判決の正しい理解に基づくものとは言えない。

高裁判決のポイントは「実名報道、顔写真掲載が直ちに少年に対する権利侵害とはならない」「少年法違反の記事があっても、そのことから直ちに報道された少年の損害賠償請求権が認められるものではない」という部分である。いわばジャーナリズム論と法律論、さらに言えばジャーナリズム倫理と不法行為理論の分離だ。

法律家が両者の分離を明確に言明して法の適用を抑制したことは、ジャーナリズムの自由、独立の見地からは歓迎できる。損害賠償といえども一種の法的制裁、規制だからである。これを報道に携わる者が安易に批判するのは、「報道の自由と責任」という課題の本質を見誤ったもので自殺行為につながるのではないか。

問題はジャーナリズム論から分離した法律論の中身に説得力があるかどうかである。高裁判決の論理の運びは次のようになっている。

①　表現行為とプライバシー権、肖像権との調整においては、民主主義の存立基盤である表現の自由の憲法上の地位を考慮しながら慎重に判断されなければならない。

②　その場合、表現行為が社会の正当な関心事であり、表現内容、方法が不当なものでなければ違法性を欠く。

③　犯罪容疑者については、犯罪の性質にもよるが、犯罪行為との関連においてそのプライバシーは社会の正当な関心事となりうる。本件のような重大事件では、社会一般の人にとっても、いかなる人物が罪を犯したかは正当な関心事であり、被疑者等の特定は犯罪ニュースの基本的要素

であって重要な関心事である。

④　人格権、プライバシー権と実名を公表されない人格的利益は必ずしも同一ではなく、後者が法的保護に値する利益と認められるのは、社会生活上、特別に保護されるべき事情がある場合に限られる。

⑤　少年法六一条がそれに当たるとしても、同条は少年の健全育成を図るという公益目的、社会復帰を容易にするという刑事政策的配慮に根拠をおく規定であって、少年に実名で報道されない権利を付与しているとは解することができない。仮にそう解しても同条が表現の自由に常に優先すると解することはできない。

⑥　本件記事の表現方法に特に問題とすべきところも見受けられず、顔写真の掲載をもって表現内容・方法が不当とまではいえない。

判決は「一般に、犯罪事実の報道においては匿名であることが望ましいことは明らかで、これは少年も成人も差異はない」とまでは言っているが、それを法律論として言っているわけではない。むしろ、前述したように「被疑者の特定は犯罪ニュースの基本的要素」だとして、法的な実名報道規制は特別な場合に限るとの立場をとっている。

(2)「事件報道は原則匿名」と地裁判決

これに対して地裁判決は原則匿名であるべきだとの立場を取っているように読める。こちらも論理を追う。

①　人には刑事事件の被疑者とされた事実をみだりに公表されないという法的保護に値する利益がある。とりわけ無断で顔写真まで報道されると不快な感情を強いられ、精神的平穏を害するから、このような不利益を受けない法的保護に値する利益を有する。

②　一定の場合には受忍義務があるが、記事の公共性、公益性、手段・方法の必要性や相当性を検討し、報道されない利益が優越する場合には報道が不法行為となる。

（一審判決が出た直後は注目されなかったが、この論理に従えば成人でも実名、写真の報道は原則として違法ということになりかねない。少年の場合にはなおさらである。）

③　少年法六一条は、非行少年に関する情報がみだりに公表されないという法的保護に値する利益を保護するとともに、公共の福祉や社会正義の観点から、少年の保護や少年の更生につき優越的な地位を与え強い保護を与えようとするものと解される。

（これは「権利」という言葉こそ使っていないが、実質は「実名報道されない権利」を認め、憲法原理である表現の自由に優先させたに等しい。当然のことながら実名、写真を報道しようとする側の越えるべきハードルは高く設定されている。）

④　少年の有する利益の保護や少年の更生といった優越的な利益を上回るような特段の公益上の必要性を図る目的があったか否か、手段・方法が右目的からみてやむを得ないと認められることが立証されない以上、報道は不法行為を構成する。

一、二審判決の違いは少年法六一条の権利性に関する判断だけではない。表現・報道の自由に対する理解の決定的違いが根底にある。

二審は表現・報道の自由に深い理解を示し、犯罪や犯罪報道と社会一般人との関係を一般の人の目線で見ている。そのうえで、実名報道をジャーナリズム論としては否定しながら、法の出動には抑制的な姿勢をとったのである。

これに対して一審は表現の自由について何ら考察していない。報道と一般市民の意識との関係に考慮を払うこともなく、抽象的な理念の議論だけで「法律の文章との乖離（かいり）はすなわち不法行為」という構成になっている。

その結果として、地裁は「実名、写真報道が許されるのは特別な理由がある時に限られ、その理由がなければ不法行為」となり、高裁は逆に「不法行為となるのは特別な理由がある場合に限る」となった。後者の特別な理由とは権利の具体的侵害である。

このような論理構成の二審判決に対して、少年法六一条の権利性否定を批判するのはともかくとして、権利侵害とは言えないという結論を「報道に特別な意義があったか」という見地から攻撃するのは的外れである。二審の裁判官にとっては具体的権利侵害があったかどうかが問題であって、報道に特別の意義があったかどうかは判断基準ではないからだ。

いや、的外れであるばかりではない。報道の是非を判断するにあたって、抽象的たらざるを得ない「報道価値」基準を重視しすぎるのは危険である。公権力の介入を招き、かえって報道の使命を果たせなくなる恐れがある(注6)。

六一条の解釈のほかにも、二審判決の疑問点はいくつか指摘されている。例えば「社会の正当な関心事」「表現内容・方法が不当なものではないこと」という違法性阻却事由については、さらに具体的に検討する余地があるだろう。被害者感情を実名報道容認の要素の一つにした点、「少年の周囲の人は実名をすでに知っているし、報道で知った人が永遠に記憶しているとも思えない」と述べた点など、実名公表による更生への悪影響を軽視しているとの批判はあながち不当とは言い切れない。

(3) 実証性求められる更生阻害論

少年法の理念を最優先する人たちにとって、少年法六一条の権利性否定と同じくらい納得しがたいのは、二審判決が実名、顔写真の報道により更生が妨げられたことの立証を、少年の側に求めたことだろう。

しかし、事実上はほとんど不可能なこの要求に反発する気持ちは分かるが、裁判所としては実名を報道されない権利を認めない以上、具体的な更生阻害の立証を求めるのは当然の帰結となる。権利を侵害されたと主張する側が、侵害されたという事実を立証しなければならないのは民事訴訟の原則である。反発するのは実名報道と更生阻害との関係を実証的に論証できる証拠がないからだろう。

少年の立ち直りのためには身元が広く知られない方がいいという一般論は社会的に認知されている、といっていい。ただ、少年法六一条は実名報道されない権利を与えているか、同条は少年である限り年齢や犯罪の質、内容にかかわらず一律に適用されるべきか、の二点には対立する意見がある。

少年犯罪とはいえ、あと数カ月で成人になる年齢の人物がシンナー乱用の果てに何の罪もない幼い子や高校生らを殺傷した事件の異常性、少年は起訴され公開裁判を受けているという事情が、高裁の裁判官の念頭にあったことは間違いあるまい。細かな法律論は分からなくても、高裁の結論に共感を覚える人は少なくないだろう。

権利として認められるには、その状態が社会に一定程度、定着していなければならない。まして憲法上、最も尊重されなければならない人権である表現の自由に優越する権利というからには、おおかたの人の納得を得られなければならない。

少年法六一条の権利性の根拠としてしばしば主張される「成長発達権」「健全に成長する権利」は、法的概念としてそこまで成熟しているのだろうか。過去の犯罪とのかかわりはプライバシーであっても、生の重大事件とのかかわりの私事性には疑問がある。

権利性を認めるとしても、成人まであと一歩の人物が起こし、社会に大きな影響を与えた堺の事件のような凶悪犯罪も中学生や高校生の軽微な非行と一括りにして「少年の立ち直りのため」と論じ、同じように扱わなくてはならないのだろうか、という点がこの事件では特に問われている。一九歳の凶悪犯罪でも成人と異なる扱いをすべきだということを平均的な市民に理解してもらうには、その理由についてもっと実証的で地に足のついた説明をしなければならない。

「少年である限り報道では同じ扱いを受けるべきだ」という主張は、論証に失敗すると少年法の適用年齢引き下げ論に巻き込まれる危険性がある。そのためだろうか、現行少年法を大切にする人たちは、実証的論議を避け「保護・育成」といった空中戦のような理念論争に終始している印象がある。多くの人が、少年法の理念には賛同しながらも身元を推知されないことの権利性容認に必ずしも踏み切れない一因がそこにある。一部メディアがそのスキをつき、少年法無視の報道をしているのが現状だ。

著しい身体的成長、社会事象とのかかわりの増加などで社会における少年の存在感はますます大きくなっている。少年犯罪の質の変化、メディアの発達と多様化で少年犯罪の情報がかつてよりはるかに大量に詳細に伝えられるようになったせいもあり、社会一般には「少年は保護されるべき存在」とばかりは受け取られていない。

それだけに、引き下げ論に巻き込まれることを恐れず説得力のある具体的論理を構築しないと、本当に守らなければならないものも守りきれなくなるだろう。二審判決は少年法擁護論者に大きな課題を与えたといえよう。

同時に、この判決はメディアの側にも重い課題を提示している。少年法六一条の立法趣旨に対する自覚と自律、それに適用除外をめぐる真剣な議論である。

判決は「報道は違法とまでは言えないが社会的には相当ではない」とした一方で、「罰則がないのは、この規定の順守をできる限り社会の自主規制にゆだねたもので、新聞紙その他の出版物の発行者は、本条の趣旨を尊重し、良心と良識を持って自己抑制することが必要である」と戒めている。

適用除外を定めた日本新聞協会の報道準則（注7）について「新聞界がこの準則を守り、新聞に少年の実名を記載しない報道をしてきた自主的姿勢は貴重ではあるが、少年法六一条の解釈として、右のような例外を認め得るか疑問が呈されているほか、逆に例外が右のような場合に限られるとも直ちにはいえない」と述べてもいる。

(4)　突き詰めた議論が必要

突き詰めた議論が足りないのは少年法研究者や弁護士だけではない。少年法の意義、少年犯罪と社会との関係などについてきちんとした認識なしに、「少年法があるから」という事なかれ主義の姿勢でただ形式的に実名報道を避けている報道関係者が多い。だから初めて経験する事態には冷静、理性的な対応ができず、事件の表層に目を奪われたり、いわゆる世論なるものに流され、あるいは営業政策からあえて実名や写真を報道するメディアが現れる。少年法を無視したセンセーショナル、興味本位の報道が一定数の読者に受け入れられる現実もある。

問題が起きたのは堺の通り魔事件だけではない。一九九七年、神戸市須磨区で一四歳の中学二年生が起こした連続児童殺傷事件では、週刊誌、写真週刊誌などが加害者の顔写真を報道した。当時の刑法では一四歳は刑事責任を問えない年齢であるにも関わらず少年や家族のプライバシーを暴いた。キヨスクなどが顔写真を載せた写真週刊誌の販売を拒否すると、インターネットにたちまち転載され広く伝わった。インターネットには実名の書き込みも行われた。

七年後の二〇〇四年三月、加害者が少年院を仮退院すると即日、インターネットで実名と顔写真が流れた。報道に従事する者、メディアを駆使する者が少年法の趣旨を正しく理解せず、「自由には自律」を伴うことを無視して、経済原則を優先（売り上げ至上主義）させたり面白主義の無責任な情報発信を繰り返している。

なかには少年法の条文を読んだことがないのではないか、と疑わざるを得ない報道関係者もいる。二〇〇三年、愛知県で高校生が同居していた女性と共謀して女性の実子の幼児を虐待し殺したとされた事件では、起訴された高校生の〇四年二月の公判で民放テレビ局が画家に少年をスケッチさせて放映した。法廷では気づいた弁護人の抗議で画家は一時戸惑ったが、後ろの席にいた記者の指示でスケッチは続けられ、夜のニュースで放送された。裁判官もその場で少年法の趣旨を説明したが記者と画家は無視した。放送の内容は高校生のスケッチを必要とするとは思えないものだった。

おそらく記者は写真さえ報道しなければ少年法には違反しないと理解していたのではないか。条文を読んだことがあれば、禁じられているのは「本人であることを推知することができるような記事又は写真」の報道であり、スケッチ画も含まれることが分かるはずである。残念ながら、このような基本的な勉強さえしないで報道の実務に当たっている人もいるのが実情である。

報道機関は知る権利の代行者として多くの人の知りたい情報を伝える責務を負っている。半面、「世論」に抗して情報発信を控え、嫌われ者、少数派の人たちの正当な権利、利益を守らなければならない場合もある。最終的にはケース・バイ・ケースで臨むしかないにしても、メディア関係者の基本的な共通認識は必要だ。そのために少年犯罪にかかわるさまざまな人たちとの率直な意見交換が求められている。

この作業を怠り、その場しのぎの姿勢で報道を続けていると、表現者側としても本当に守らなければならないものが守れなくなるに違いない。大阪高裁の判決は「表現の自由が勝った」などと浮かれていられる判決ではない。

厳罰化傾向を強める社会的雰囲気を前にして、「保護・育成」の理念論だけに頼ることがが無力であることは二〇〇一年四月の少年法改正でも露呈した。神戸の事件がきっかけになったこの改正では、刑事責任年齢が一六歳から一四歳に引き下げられ、一六歳以上の少年が殺人などの重大事件を起こした場合には、刑事責任追及を原則とすることになった。保護主義の後退だが、改正に慎重な弁護士らの声は世論の支持を得られなかった。

さらに、国会では実名報道を一律、包括的に禁じた少年法六一条が憲法二一条(表現の自由)に反するとの有力な意見もあった、改正から五年後の少年法見直しの際には同条も再検討することになった。

（注1）　一九九八年一月、大阪府堺市でシンナー中毒の一九歳の男性がシンナーを吸引したもうろう状態で道路に飛び出し、通りかかった女性や幼稚園の送迎バスを待つ親子を襲撃、園児とその母親の二人を刃物で刺し殺し、女子高校生に重傷を負わせた。男は殺人未遂で現行犯逮捕、殺人で起訴され、公判で心神耗弱が認められて懲役一八年の刑が確定した。

月刊誌『新潮45』九八年三月号は、この事件をめぐって男性の実名、顔写真、年齢などを明示した高山文彦氏のルポを掲載した。これに対し男性が新潮社と高山氏を相手に損害賠償請求訴訟を起こし、一審勝訴、二審敗訴の経過をたどり上告したが男性自身が上告を取り下げた。

（注2）　大阪地裁一九九九年六月九日判決　判例時報一六七九号

（注3）　大阪高裁二〇〇〇年二月二九日判決　判例時報一七一〇号

（注4）　たとえば二〇〇〇年三月二日、朝日新聞の社説は「説得力に欠ける判決だ」と題し、「結論に至る理由付けは、いささか粗雑で説得力に欠ける」「乱暴で受け入れ難い」などと感情的批判に満ちている。

（注5）　少年法六一条　家庭裁判所の審判に付された少年又は少年のとき犯した罪により公訴を提起された者については、氏名、年齢、職業、住居、容ぼう等によりその者が当該事件の本人であることを推知することができるような記事又は写真を新聞紙その他の出版物に掲載してはならない。

条文には「審判に付された」「公訴を提起された」とあるが、法の趣旨から見て捜査段階にも適用されると解されている。媒体も「新聞などの出版物」に限らず放送はもとよりビラやインターネットなど情報を伝播するメディア全般が対象とされているのは言うまでもない。

参照・田島泰彦、新倉修編『少年事件報道と法』（日本評論社）

（注6）拙著「情報の最終判断者は読者」＝『客観報道の裏側』（現代書館）所収

（注7）日本新聞協会の少年法六一条の扱いの方針（一九五八年一二月一六日）

少年法六一条は、未成熟な少年を保護し、その将来の更生を可能にするためのものであるから、新聞は少年たちの〝親〟の立場に立って、法の精神を実践すべきである。罰則がつけられていないのは、新聞の自主的規制に待とうとの趣旨によるものなので、新聞はいっそう社会的責任を痛感しなければならない。すなわち、二〇歳未満の非行少年の氏名、写真などは、紙面に掲載すべきではない。ただし

1逃走中で、放火、殺人など凶悪な累犯が明白に予想される場合

2指名手配中の犯人捜査に協力する場合

など、少年保護よりも社会的利益の擁護が強く優先する特殊な場合については、氏名、写真の掲載を認める除外例とするよう当局に要望し、かつこれを新聞界の慣行として確立したい。

3　身元推知と仮名報道の限界

少年犯罪に関する身元推知報道の限界が争われていた長良川事件訴訟について、最高裁は二〇〇三年三月一四日、原告・被告双方の〝痛み分け〟の形で事件を高裁に差し戻した。最高裁はわずかでも身元が特定できれば仮名でも少年法違反という少年側の主張を退けたが、反対に仮名なら違法ではないと言い切った訳でもない。たとえわずかな情報でも「最後の情報」を伝えたメディアは名誉毀損の責任を負う、という判断も示した。判決が報道に与える影響は大きい。少年の成長発達権と国民の知る権利、表現・報道の自由の観点から判決を検討し、プラスの面もマイナスの面も過剰に反応せず、判決を冷静に受け止めて、少年犯罪だけでなく事件報道一般のあるべき姿を追究したい。

(1)　成長発達権を認めた名古屋地・高裁

原告は一九九四年九月から一〇月にかけて愛知、岐阜、大阪の三府県で起きた殺人、強盗殺人、傷害致死事件など三件で起訴され、一審で無期懲役の判決を受け、控訴した。

事件は当時一八歳だった原告が、複数の少年らと共謀し、▽路上を通りかかった青年をたまり場だったビルの一室に連れ込んで暴行し飯場で働かせようとしたが、不首尾に終わったことから青年の首を絞めて殺した。（大阪事件）▽遊び仲間の家でシンナーを吸っているうち、一緒にいた土木作業員をビール瓶などで殴った後、河川敷の公園に連れ出してカーボン製パイプなどでさらに執拗な暴行を加えて瀕死の重傷を負わせたうえで雑木林に放置して、被害者を死亡させた。（木曽川事件）▽ボウリング場でたまたま出会った三人の男性に言いがかりをつけて乗用車に監禁して暴行し、さらにそのうちの二人に河川の堤防上などで拳や金属パイプで殴るなどの激しい暴行を何度も加えて殺害した。（長良川事件）——というものである。

現場は広域にわたり、若者四人の命が奪われる残忍な事件だったため全国に大きな衝撃を与え、新聞、テレビはもとより週刊誌などでもさまざまな報道が行われた。二人の犠牲者が出た事件現場の地名をとって「長良川事件」と総称されることが多い。

『週刊文春』は一九九七年七月三一日号に「『少年犯』残虐」「法廷メモ独占公開」「わが子を殺された両親が綴った700日の涙の記録」などの見出しで、長良川事件の被害者の両親の思いと刑事裁判の法廷傍聴記録などを掲載した。記事の中で民事原告・刑事被告の少年（事件当時）は本名と音が似た仮名で表記され、刑事裁判の進行を追う形で犯行の態様、経歴、犯罪・非行歴、交遊関係や生活歴などが詳細に報道された。

そこで、原告が「記事の中には虚偽が含まれており、名誉毀損、プライバシー侵害である。また、実名でなく仮名であっても記載事項から自分の周りの人や事件を知る人には自分が特定され、少年法六一条に違反する」などとして株式会社文藝春秋に賠償を請求したのが本件訴訟である。

これに対して一審名古屋地裁（注1）も、二審名古屋高裁（注2）も三〇万円の賠償を文春に命じた。地裁、高裁、いずれの判決文も判決としては論理の運びが未整理な部分があるが、仮名でも、ある範囲の人たちに少年が特定できれば身元推知報道を禁じた少年法六一条に違反するという点が共通していた。

二審判決の骨子は次の通りである。

特定人を推知できる報道と言い得るためには、一般読者が記事それ自体から対象人物を特定することは困難でも、記事の公表当時に有していた知識ないしは経験等を加えれば、ほぼどんな人物かほぼ認識できる程度の内容であればいい。

本件記事の表記は仮名だが、姓も名前も原告の実名と音が似ており、非行歴、交遊関係、女性との関係なども書いてある。したがって、原告と面識を有する特定多数の読者、並びに原告が生活基盤としてきた地域社会の不特定多数の読者は原告を容易に推知できる。

少年法六一条は、憲法で保障される青少年の健全に発達するための権利の保護とともに、少年の名誉権、プライバシー権を保護することを目的とするものであるから、同条に違反した実名等の推知報道は人権侵害行為である。

この推知報道は、成人の犯罪報道とは異なり、真実性、公共性、公益性が立証されても違法性は阻却されない。少年の権利ないしは保護されるべき法的利益よりも、明らかに社会的利益を擁護する要請が強く優先されるべきであるなどの特段の事情がある場合に限って違法性が阻却されるが、本件ではそのような事情はない。

判決は「憲法で保障される青少年の健全に発達するための権利の保護」を説明するために少年法研究者の論文とみまがうような文章を連ね、成長発達権の考え方を認めたと読める点が特に注目された。しかし、後に最高裁にこの部分が暗に批判されることとなる。

(2) 対照的な大阪高裁判決

ところで名古屋の判決が注目されたのは少年の成長発達権を正面から認めたからだけではない。一九九八年一〇月に大阪・堺市で起きたいわゆる通り魔殺人事件の少年（事件当時一九歳）を顔写真付き実名で報道した『新潮45』に関する訴訟が名古屋訴訟と並行して行われていたからでもある。

こちらは大阪地裁では名古屋とほぼ同趣旨の判決(注3)が出たものの大阪高裁で逆転した。高裁判決(注4)の骨子は次の通りだった。

表現行為とプライバシー権、肖像権との調整においては、民主主義の存立基盤である表現の自由の憲法上の地位を考慮しながら慎重に判断しなければならない。

その場合、表現行為が社会の正当な関心事であり、表現内容、方法が不当なものでない限り違法性を欠く。

犯罪容疑者については、犯罪の性質にもよるが、犯罪行為との関連においてそのプライバシーは社会の正当な関心事となり得る。本件のような凶悪、重大な事件では、社会一般の人にとっても、いかなる人物が罪を犯したかは正当な関心事であり、被疑者等の特定は犯罪ニュースの基本的要素であって重要な関心事であり、実名報道が直ちに権利侵害とはならない。

人格権、プライバシー権と実名を公表されない人格的利益は必ずしも同一ではなく、後者が法的保護に値する利益と認められるのは、社会生活上、特別に保護されるべき事情がある場合に限られる。

少年法六一条がそれに当たるとしても、同条は少年の健全育成を図るという公益目的、社会復帰を容易にするという刑事政策的配慮に根拠をおく規定であって、少年に実名報道されない権利を付与しているとは解せない。

本件記事の表現方法に特に問題とすべきところも見受けられず、顔写真の掲載をもって表現内容・表現方法が不当とまではいえない。

判決は実名報道を「少年法に明らかに違反し、社会的に相当ではない」としながらも、そのことが直ちに違法なプライバシー権等の侵害にはあたらないとして、原告の賠償請求を退けた。判決はまた後述するように「少年の成長発達権」なる考え方にも懐疑を表明している。

このため、成長発達権に関する相異なる高裁判決が生まれ、最高裁による統一が期待されることとなったのである。だが、堺の事件は少年（事件当時）自身が上告を取り下げたため大阪高裁の判決が確定し、文春の事件のみが最高裁に係属していた。

(3) 踏み込まなかった最高裁判決

最高裁第二小法廷は二〇〇三年になって弁論を開いたため、高裁判決の破棄が必至と見られていたが、同年三月一四日に言い渡された判決(注5)は、予想通り、原判決の文春敗訴部分を破棄し、事件を名古屋高裁に差し戻す、というものだった。

しかし、最も強い関心が持たれていた成長発達権については判断を示さなかった。その意味では少年法六一条の問題に真正面から踏み込んでおらず、「肩すかし」の印象を与える結果となった。

最高裁判決の論理はこうである。

「原判決は、原告の被侵害利益を名誉・プライバシーであるとして文春の不法行為を認定したのか、これらに加えて成長発達権を被侵害利益としたのか判決文からは判然としない」「しかし、原告は原審で被侵害利益を名誉・プライバシーであると一貫して主張しており、成長発達権であるとは主張していないから、最高裁としては原審が名誉・プライバシーを理由に結論を出したことを前提に審理判断すべきである」

こうしてまず成長発達権を審理の対象から除外し、名誉毀損、プライバシー侵害事件としての判断に入る。

「本件記事にある犯罪行為や原告の経歴、交遊関係などの詳細な情報は原告の名誉を毀損しプライバシーを侵害する情報である」

「原告と面識があり、または犯人情報あるいは原告の履歴情報を知る者は、その知識を手がかりに本件記事が原告に関する記事であると推知することが可能であり、本件記事の読者の中にこれらの者が存在した可能性を否定できないから、記事を読んで初めて、それまで知っていた以上のことを知った者がいた可能性も否定できない。本件記事が名誉毀損・プライバシー侵害とした原審の判断はその限りにおいて是認できる」

「ところで、名誉毀損の報道でも真実性、公共性、公益性があれば違法性が阻却されるのであらためて高裁でこれらの点について審理すべきだ。また、プライバシー侵害については、その事実を公表されない法的利益より公表する理由が優先する場合には不法行為は成立しないのだから、やはり高裁で事実審理をやり直して諸事情を個別具体的に比較衡量して判断すべきである」

少年法六一条違反の推知報道かどうかについては「なお」として触れただけである。つまり「記事により不特定多数の一般人がその者を本人であると推知できるかどうか」という判断基準を示し、「本件記事により原告と面識のない不特定多数の一般人が原告を推知できるとはいえない」として少年法違反の主張を退けた。

当事者を知っている特定の読者、不特定多数とはいうものの「地域社会の」という形容詞がつき、結果として多数ではあっても特定された人物、それらの人たちに分かるだけでも違法な推知報道とした高裁に対して、最高裁は判断基準をあくまでも「不特定多数の一般人」としたのである。

(4) 最後の一滴論への懸念

この判決の評価は立場によって当然、異なるだろうが、報道の側としても受け止め方は微妙である。

判決は少年法六一条違反が直ちに不法行為になるかどうかの判断を示していない。仮名なら推知報道には当たらないといったわけでもないが、六一条違反の判断基準を「不特定多数の一般人」としたことは、メディアの立場、国民の知る権利の見地からは評価できよう。「特定多数に推知可能なら違法」とされれば、少年事件の報道がほとんどすべて封じ込められるからである。

仮名か匿名かは要するに情報の量と質の問題であって、匿名でも他に報道されている情報しだいでは特定の人は本人を推知できる。そして、たいていの場合、本人や犯罪現場に近い人たちは容疑者・被告人についてなにがしかの情報を持っている。新しく伝えられた情報だけでは推知できなくてもすでに持っている情報と合わせれば推知できる場合は六一条違反とされれば、いくら匿名で慎重に報道してもその危険性が常に存在することになる。

「推知可能者が特定の人に限られても少年法違反」という二審判決では、少年犯罪について報道する道が閉ざされてしまい、多くの国民が犯罪、社会、少年などについて考えることができなくなってしまう。場合によっては、学校通信や地域の防犯パンフレットなどで注意、警戒を呼びかける広報活動もできなくなるだろう。

少年の成長発達権についても、推知報道禁止の権利性や、推知を可能にする情報の報道は一切許されないか否かについても最高裁は明確には判断しなかった。新聞紙上では少年事件に熱心に取り組む弁護士などの「成長発達権を認めるニュアンス」というコメントが見られたが、そのように読むのは判文上、無理がある。

むしろ推知報道が許容される余地があるかのように読める。プライバシー侵害の判断にあたって比較衡量すべき要素として「記事掲載当時の本人の年齢や社会的地位、当該犯罪行為の内容、公表によって本人のプライバシー情報が伝達される範囲と本人が受ける具体的被害の程度、記事の目的や意義、公表時の社会的状況、当該情報を公表する必要性」など多種多様な項目をあげているからである。

少年法に関する重要な論点の判断を先送りしたとはいえ、このように少年事件の名誉毀損・プライバシー侵害についても個別具体的な衡量を求めたことは、これまで制約が増しつつあった犯罪報道の幅と深みを増す方向に作用すると思われる。

半面、名誉毀損・プライバシー侵害に関する判示には、報道にとってボディブローのように効いて、やがて厚い壁になりそうな側面もあることに注意を促したい。

「本人と面識があり、または本人の情報を知る者が、その知識を手がかりに記事が本人に関する記事であると察し、それまで知っていた以上のことを知った場合、それが名誉毀損・プライバシー侵害情報なら記事を掲載したメディアは不法行為責任を負う」というのである。

名誉毀損・プライバシー侵害は「不特定」多数に対する情報伝達でなくても成立するので、なにがしかの情報を発信することにより、すでに一定の情報を得ている人がより詳しく知ることになって名誉毀損・プライバシー侵害になる、ということは一般的にはあり得る。

しかし、新たな情報を発信する側は受け手が情報をすでに持っているかどうか、持っているとすればどんな情報を持っているか、について知識がないのが普通だ。受け手がすでに情報を得ていることについての責任もない。それでも〝最後の一滴〟の情報をもたらした者として不法行為の責任を問われることになる。

多くの場合、容疑者・被告人や現場に近い人たちが相応の情報を知っていることは、少年による事件も成人による事件も変わらない。小さい、抽象的な情報発信でも既出の情報と合わせれば名誉毀損となる可能性は常にあることになる。

ところが、メディアはどのような情報が、どこの、だれに広がっているか必ずしも把握しているわけではない。そのような状況下では、いかに慎重な報道を心がけようと、少年法違反とは言われないまでも、名誉毀損・プライバシー侵害などの不法行為に問われる危険性は消えない。

これでは事件報道は萎縮し、国民に伝えるべき情報が十分伝わらなくなる恐れがある。

確かに、個々の報道が違法とまでは言えなくても複数メディアの報道によって〝合わせ技〟のような形で被害が生じることはあり得る。被害者の立場では最高裁の判示は当然であろう。

しかし、安易に「合わせ技一本」と判定されたのでは報道はほとんど不可能になる。国民の知る権利のことを考えると、表現・報道の自由の意義を十分尊重しながら事件の個別具体的事情を衡量して判断する必要がある。

(5) 理念定着へ実証的議論を

二つの事件を振り返って痛感するのは、少年の成長発達権にしろ、報道の自由にしろ、真にそれにふさわしい事件を題材に論じられているだろうか、という疑問である。

少年の権利としてどの程度、具体性を有するかはともかく、少年が健全に成長できるよう支援するのは大人の責任である。表現の自由が民主社会の基盤であることは言うまでもない。ただ、本人の姿勢が健全に成長しようと努力していると一般の人にも納得してもらえるものだったり、あるいは社会の人たちが確かに事件は少年の過ちだろうと認めるような場合でなければ、また社会に貢献しようとする真摯な表現活動でなければ、いくら建前論を強調しても理念がなかなか定着しない。表現の自由、成長発達権の考え方を国民の間に根付かせるには、〝空中戦〟のような抽象的な議論ではなく、もっと地に足のついた実証的な議論が必要である。

堺市・通り魔殺人事件の大阪高裁判決が「本件のような重大な犯罪を犯した者が社会に復帰した場合に、いかなる生き方をしようとしているのか不明であるうえ、その生き方が真に本人の更生につながるとしても、実名記載が何故に更生の妨げになるのか主張立証がない」と述べたのは、そのことを意識したからに違いない。

一方で、同じ判決が「少年法違反がそれだけで直ちに不法行為になるわけではない」として賠償請求を退けながらも、「本件記事において顔写真がなくても記事内容の価値に変化が生じるものとは解されず（中略）顔写真を掲載しなければならなかった必要性には疑問を感じざるを得ない」と表現者側をも戒めたのは、表現の自由についても同じことが言えることを指摘したと受け止めることができる。『週刊文春』の記事も犯人に対する憎しみをあおることはあっても、少年犯罪の実状やそれへの対応を冷静に考えるものとは言えなかったことも指摘しておかねばならない。

堺の事件の元少年は、刑事事件は一、二審で受けた懲役一八年の判決が確定し、大阪高裁で敗訴して上告した民事訴訟も、その後、代理人の弁護士には無断で自ら上告を取り下げ敗訴が確定した。キリスト教の牧師と交流して「許してもらわなければならない自分が相手を許さないのは間違っている」という心境に達したからだという。これは人間としての成長発達の証と評価できる。凶悪、重大な事件を起こした年長少年でも成長し、更正する可能性を秘めていることを物語る、とも言える。

しかし、元少年は、成長発達権の理念を掲げて提訴を勧め、訴訟活動を続けてきた弁護士に対し、事前に取り下げを相談しなかった。何が少年の成長発達を本当に支援することになるのか、考えさせるエピソードである。

その後、長良川事件の差し戻し控訴審で名古屋高裁は二〇〇四年五月一二日、「凶悪な事件に対する社会の関心は高い。週刊文春の記事には公益性も必要性もあり、プライバシー保護に優先する」として、元少年の賠償請求を退けた。

（注1）名古屋地裁一九九九年六月三〇日判決　判例時報一六八八号
（注2）名古屋高裁二〇〇〇年六月二九日判決　判例時報一七三六号
（注3）大阪地裁一九九九年六月九日判決　判例時報一六七九号
（注4）大阪高裁二〇〇〇年二月二九日判決　判例時報一七一〇号　なお前出「通り魔判決に見るジャーナリズム論と法律論」
（注5）最高裁二〇〇三年三月一四日第　小法廷判決　最高裁民事判例集五七巻三号　判例時報一八二五号

あとがき

「マスコミは……」という言い方で報道が厳しく批判されるようになったのはもう三〇年以上も前だろうか。いまでは「マスコミ」と「人権侵害」は対句のようになり、「表現・報道の自由」は死語になった観がある。

マスメディア、ジャーナリズムの患部を拡大、攻撃することをジャーナリズム研究と誤解しているのではないかと思えるような、一部論者のプロパガンダめいた主張が市民の間に浸透している。名誉毀損訴訟を重点的な〝営業種目〟にしてせっせと提訴する法律事務所さえ出現した。なかには明らかにこじつけの訴訟もある。

この機に乗じ、政治も、行政も、司法も、ジャーナリストの口を封じペンを折らせようとするかのように、さまざまな動きを見せている。個人情報保護法、人権擁護法案などの各種規制立法、慰謝料の高騰など一連の事態はたまたま重なったのではなく有機的なつながりを持った一つの大きな流れと見るべきだ。小泉内閣は二〇〇四年五月、首相の北朝鮮訪問に際して、気に入らない報道をしたことを理由に日本テレビの記者らの同行取材を一時、拒否さえした。公権力が戦前のように露骨な報道統制をするようになったのである。

もちろん報道する側が問題をたくさん抱えていることは事実であり、正当な批判は謙虚に受け止め、改めていかなければならない。しかし、「表現・報道の自由」は表現する側、報道する側にとって大事なだけでなく、表現・報道によって情報を受け取る側の市民にとっても重要な自由である。この自由が尊重されるかどうかは「知る権利」が守られるかどうかにつながる。

それだけに、いわれなき批判、攻撃には断固として反撃しなければならないが、マスメディアはぐいぐい押し込まれ、じりじり後退しているように見える。

この本は、そうした危機感に著者が駆られたことから生まれた。それぞれの文章は過去に発表したものを基本としながら、出版を機に全面的あるいは大幅に書き改めた。

初出一覧

※　包囲されたメディア・『報道の自由と人権救済』（明石書店、二〇〇一年七月）＝原題「日本のメディア状況とジャーナリズム倫理」

※　時流に合わせて振るタクト・『マスコミ市民』二〇〇二年一二月号＝原題「危うい〝時流に合わせて振るタクト〟」

※　イラク派兵で進む情報統制の裏側・『マスコミ市民』二〇〇四年三月号＝原題「〝軍事〟を隠す小泉内閣の本質」

※　監視社会の怖さ、虫の目、鳥の目で・『マスコミ市民』二〇〇二年一〇月号＝原題同

※　マスメディアと図書館の使命・『みんなの図書館』（日本図書館協会）二〇〇〇年二月号＝原題「マスメディアと図書館の自由」

※　報道の自由と名誉・プライバシーとの調整・『プライバシーと出版・報道の自由』（青弓社、二〇〇一年一月）＝原題同

※　裁判官は表現取締官になったのか・『世界』二〇〇二年八月号＝原題同、『新聞研究』二〇〇四年一月号＝原題「報道の役割への無理解——揺れる誤信相当性の判断」

※　「配信の抗弁」否認で問われる事件報道・『法学セミナー』二〇〇二年五月号＝原題同

※　所沢ダイオキシン汚染報道をめぐって・『新聞研究』二〇〇一年八月号＝原題「司法に守ってもらっ

た〝報道の自由〟」、『人権新聞』二〇〇三年一二月五日号＝原題「木を見て森を見ない判決――テレ朝訴訟と市民の知る権利」

※　毒入りカレー事件と司法のメディア観・『新聞研究』二〇〇三年二月号＝原題「司法への奉仕を当然視」、『法律時報』二〇〇三年三月号＝原題「取材が捜査、裁判の下請けに」

※　少年事件と報道――少年法の理念と報道の使命・『法律時報』一九九九年九月＝原題同

※　通り魔判決に見るジャーナリズム論と法律論・『新聞研究』二〇〇〇年五月号＝原題「妥当なジャーナリズム論と法律論の分離」

※　身元推知と仮名報道の限界・『法学セミナー』二〇〇三年六月号＝原題「事件報道に大きな影響を与える長良川事件最高裁判決」

飯室勝彦（いいむろ・かつひこ）

中京大学教授

『東京中日スポーツ』でプロ野球担当記者として記者活動を始め、その後『東京新聞』『中日新聞』の社会部、特別報道部などで、司法、人権、報道問題などを中心に報道に当たり、2003年4月より現職。

著書は、『戦後政治裁判史録』（共著・第一法規出版）『青年はなぜ逮捕されたか』（三一書房）『報道の中の名誉・プライバシー』（現代書館）『メディアと権力について語ろう』（リヨン社）『新版 報道される側の人権』（共著・明石書店）『客観報道の裏側』（現代書館）『包囲されたメディア』（共編著・現代書館）など。

報道の自由が危ない——衰退するジャーナリズム——

2004年7月10日　　初版第1刷発行

著者 ―― 飯室勝彦
発行者 ― 平田　勝
発行 ―― 花伝社
発売 ―― 共栄書房
〒101-0065　東京都千代田区西神田 2-7-6 川合ビル
電話　03-3263-3813
FAX　03-3239-8272
E-mail　kadensha@muf.biglobe.ne.jp
http://www1.biz.biglobe.ne.jp/ ~kadensha
振替 ―― 00140-6-59661
装幀 ―― 神田程史
印刷・製本 ― 中央精版印刷株式会社

ISBN4-7634-0424-5　C0036